U0553697

中国武术研究报告

No.1

ANNUAL REPORT ON THE DEVELOPMENT OF
CHINESE
MARTIAL ARTS

主编　戴国斌

副主编　王立峰　朱东　张云崖

社会科学文献出版社
SOCIAL SCIENCES ACADEMIC PRESS (CHINA)

本书得到上海体育学院专项资金的全额资助

《中国武术研究报告 No.1》
编 委 会

顾　　问　邱丕相　王培锟　虞定海　白晋湘

主　　任　张秋平　陈佩杰

副 主 任　陈国荣　王玉林

主　　编　戴国斌

副 主 编　王立峰　朱　东　张云崖

编写人员　（以姓氏笔画排名）

马　剑　王　震　王明建　韦晓康　石爱桥

吉灿忠　吕旭涛　朱　东　刘　聪　刘文武

刘启超　闫　民　花家涛　李文博　李金龙

李梦桐　杨建营　张云崖　张茂林　张银行

陈振勇　范铜钢　洪　浩　钱建东　黄　聪

韩红雨　韩青松　戴国斌

调研人员　（以姓氏笔画排名）

于翠兰　马　剑　王开雨　王国成　王美娟

王浩先　王海鸥　文庆隆　石爱桥　田金龙

代　刚　代流通　司红玉　吉灿忠　权黎明

庄长宽　刘　聪　刘祖辉　闫　民　许　全

孙向豪　阳家鹏　花家涛　李　龙　李　勇

李　琴　李文鸿　李志刚　李金龙　李朝旭

吴日州　何英俊　张　扬　张　峰　张江华

张茂林　张欣欣　张银行　陈观亮　陈秀芳

陈国梅　陈建鑫　陈晓莺　周娟丽　赵珊珊

赵婷婷　赵静冬　胡玉玺　洪　浩　顾康军

高会军　高楚兰　郭春阳　黄丽英　曹耀丹

康任侠　梁仁春　宿继光　韩红雨　赖洪华

谭亚文

秘　　书　刘文武　范铜钢

前　言

在中国国家日益崛起、致力于中华民族伟大复兴的道路上，坚守文化自觉、强化文化自信、实现文化自强已成国家战略。作为中华优秀传统文化重要组成部分的武术，不仅是中华优秀传统文化传承工程的重要工作之一，是"体育强则中国强"的重要支柱之一，而且已成为越来越多外国人认识中国文化的窗口之一，是有"中国特色、中国风格、中国气派"的体育文化名片。为此，中国武术研究院和上海体育学院，作为中国武术研究的领导机构和研究高地，利用中国体育科学学会武术与民族传统体育分会之阵地，联手创编《中国武术研究报告》，以追踪中国武术发展实践、分析中国武术发展现状、预测我国武术发展趋势、研究中国武术发展特点及规律，服务于中国文化软实力的建设、中国话语体系的构建，用武术话语讲述中国体育故事。

《中国武术研究报告》坚持学术视角、专家立场，力求体现科学性、客观性、应用性、前沿性、原创性和权威性。为做好这项工作，编者利用中国体育科学学会武术与民族传统体育分会之阵地，云集全国专家学者合力编著。《中国武术研究报告 No.1》内容包括"总报告、分报告、调研报告和附录"四大板块。其中，"总报告"在综述近年武术研究现状、太极拳发展调研后，分析了中国武术未来发展的趋势。"分报告"从武术历史研究、武术文化研究、武术教育研究、武术社会发展与国际文化传播研究、竞技武术研究、武术段位制研究、体育养生和健康促进研究、民族传统体育研究八个领域，综述了近期研究主题、研究进程与研究成果，预测未来研究趋势。"调研报告"选择中国武术的重要拳种、体现中国文化对人体运动独特认识，亦已成为我国全民健身首选活动方式、世界第一健身品牌的太极拳发展作为调查对象，根据现行 338 个地级城市按一线、二线、三线、四线划分，在分层随机抽样 13.02% 后选择其中的 44 所城市，并对抽样的 14 个省区 7020 名太极拳习练者进行问卷调查，梳理了当下太极拳习练人群的基本情况和发展现状，对"浙江省永康市太极拳研究会"进行了个案分析，并提出了我国太极拳未来发展的对策建议。

本书由戴国斌任主编，采用三审制。首先以下人员负责一审：戴国斌负责"总报告"，朱东负责"调研报告"，"分报告"分别由陈振勇负责武术历史研究、戴国斌负责武术文化研究、马剑负责武术教育研究、闫民负责武术社会发展和国际文化传播研究、朱东负责竞技武术研究、洪浩负责武术段位制研究、石爱桥负责传统体育养生与健康促进研究、韦晓康负责民族传统体育研究。其次，花家涛、韩红雨、张银行、杜舒书、李守培进行了二审。最后，戴国斌进行了三审。本书研制的联络协调工作由上海体育学院研究生李文博、张成杰、张瑞、李晓红、王伟业负责。另外，感谢上海体育学院 22 名硕士研究生（李晓红、王玉星、邵茜茜、谢婷、陈祥伟、甘丛婷、于威、冀昆棹、张瑞、储蒙蒙、郭润泽、王伟业、李化凯、蔡朝翔、李绍华、黄雷婷、张宗林、赵红月、杜凯、李海伦、张淑惠、陈现）的数据输录工作。

本书无论是前期筹备、框架构思还是过程实施以及书稿撰写，均在国家体育总局武术研究院、上海体育学院的指导下，且得到中国体育科学学会武术与民族传统体育分会、上海体育学院中国武术研究中心、蔡龙云大师工作室的大力支持。本书顾问邱丕相、王培锟、虞定海、白晋湘的殷切关心，以及全国 35 所高校 105 名专家学者和研究生的积极参与和无私奉献，在此一并鸣谢！

由于时间紧、任务重，本书疏漏或错误在所难免，敬请各位专家、同

仁批评、指正，我们会再接再厉，为中国武术事业的发展、中国武术学术
的繁荣不懈努力。

编　者

2017 年 5 月

目　录

一　总报告

二　分报告

三　调研报告

四　附录

一 ｜ 总报告

中国武术研究现状与发展趋势

戴国斌　花家涛　韩红雨[*]

摘　要： 本报告综述了文化中国、健康中国背景下武术研究在历史、文化、教育、社会发展与国际传播、竞技训练与比赛、段位制、标准化、传统养生与健康促进、民族民间体育等领域的最新研究成果与动向，并以太极拳发展为例归纳了对河南、江苏与福建等 14 省市 7020 名习练者展开的专题调研结果，最后总结了武术未来发展的六方面趋势。

关键词： 武术　传统体育　民族民间体育

近年，伴随我国经济社会发展，文化中国、健康中国成为时代命题，中国武术研究也在传承中华优秀传统文化、服务健康中国建设、提升国家文化软实力、展示中国国家形象中不断深化，推进了中国武术的发展。

一　研究的新热点与新进展

近期武术研究的热点有武术历史、武术文化、武术教育、武术社会发

---

* 戴国斌，上海体育学院教授，武术学院院长，中国武术博物馆馆长，中国武术研究中心主任；花家涛，安徽师范大学体育学院副教授；韩红雨，河北体育学院武术系副教授，武术理论教研室主任。

展与国际传播、竞技武术、武术段位制、武术标准化、传统体育养生与健康促进、民族传统体育等。

（一）武术历史研究

史学是学科建设的基础，近期武术历史研究形成了"史学方法、研究思路、拳种、典籍、地域武术史、武术人武术思想"之热点。

第一，在史学方法上，口述史已成为武术历史研究的新方法，也从学术规范和研究范式上取得初步成果；① 另外，话语分析、历史人类学成为武术历史研究方法的新尝试。② 第二，在研究思路上，"从武术历史发展文化实践中寻找中国武术本土话语"③ 正在成为武术历史研究的新思路，概括武术历史经验成为武术历史研究的新任务，并形成"格拳致知"④ 等成果。第三，在拳种研究中，研究了张三丰、戴龙邦等武术历史人物，梳理了广东蔡家拳等区域拳种源流，考辨了梅花拳等拳名，形成了"用逆向工程思路寻其文化逻辑起点，借助拳种形成发展的文化生态发现其文化基因，通过具体的武术人研究其文化个性的确定、形成、发展"等拳理研究新思路。⑤ 第四，在典籍研究中，整理了明代武术典籍，解读了《剑经》等文本，分析了拳经秘籍《九要论》所蕴含的武学思想、《清稗类钞》中的少林武术，总结了近百年少林武术研究特点。第五，在地域武

---

① 戴国斌：《新中国武术发展的集体记忆：一项口述史研究》，人民体育出版社，2016。
② 周延：《话语视角下近代武术发展之研究》，上海体育学院硕士学位论文，2017；龚茂富：《民俗生活中民间武术的权力实践与狂欢精神——基于民国青羊宫花会"打金章"的历史人类学考察》，《成都体育学院学报》2017 年第 1 期，第 75 页。
③ 戴国斌：《中国武术传播三题：文化史视角》，《上海体育学院学报》2016 年第 3 期，第 56～61 页。
④ 戴国斌：《中国武术教育"格拳致知"的遗产》，《体育学刊》2017 年第 3 期，第 16～23 页。
⑤ 戴国斌：《文化自觉语境中武术研究的探索与思考》，《上海体育学院学报》2014 年第 5 期，第 65～69 页。

术史研究中，以村落视角研究了广东五邑侨乡武术、桂东南州硎武术、福建省屏南漈下村武术、山东郓城县孙庄武术，以断代史视角整理了先秦齐鲁武术、近代江苏沛县武术。第六，在武术人武术思想研究中，一方面举办当代武术家武术思想研讨会，如上海体育学院 2011 年 12 月 7 日举办的"传统武术传承与发展暨蔡龙云武术思想研讨会"、2016 年 7 月 16 日举办的"张之江生平专题展暨武学思想研讨会"、2016 年 11 月 21 日举办的"第五届申江国际武术学术论坛暨蔡龙云武术思想研讨会"，北京体育大学 2015 年 11 月 7 日举办的"张文广先生武术教育思想研讨会"，成都体育学院 2016 年 11 月 16 日举办的"郑怀贤武学思想研讨会"；另一方面推进了古代武术人物研究，如明代武术家程宗猷，清康熙壬辰科武探花、御前侍卫杨炳。①

（二）武术文化研究

武术文化研究一直是研究的重点。近年人们聚焦武术文化特征，呼应非物质文化遗产（下称"非遗"）保护与传承之实践，开辟了武术"复合文化"研究新视角。

第一，在文化特征研究中，人们从独特的地域特征、鲜明的美学特征、文化奇观的拳种出发形成新热点。首先，地域特征宏观层面的研究有甘肃武术文化、沧州武术、元至民国时期的青岛武术的研究，并初步建立了地域武术研究的范式；② 其中观层面，"津门武术""京师武术"的地方叙事成为新尝试，"武术之乡"成为研究新热点；其微观层面研究将村

---

① 杨祥全：《艺中魁首　夜叉正传——程宗猷〈少林棍法阐宗〉散论》，《搏击·武术科学》2014 年第 10 期，第 1～6 页；马伯韬：《武探花杨炳〈习武序〉武学思想论析》，《搏击·武术科学》2014 年第 1 期，第 19～21 页。

② 郭志禹：《中国地域武术文化现代阐释及其发展趋势研究》，学苑出版社，2013。

落武术作为新窗口，分析了其中包含的"身体构建与精神构建"的两部分治理内容，指出村落武术所具有的乡土性。① 其次，武术美学研究近年主要集中于"理论的探讨、特征的归纳、影视美学的分析"等方面。其美学理论探讨，不仅从多维解构了暴力美学，将其导向"以人为本的生命关怀"，② 而且从崇尚和谐的生态文化出发，认为"武术美是一种可意会不可言传的感知、体知之境，表现为写意性"。其美学特征研究，不仅从运动方式进行归纳，而且分析了象形拳的仿生美③和武术翻译美④，分析了武侠片动作暴力美学的教化作用、伦理色彩。最后，从"拳理和拳技研究"推进作为文化奇观的拳种研究。其拳理研究或由具体拳种入手，如形意拳的整体性发力原理⑤，或从整体观出发，认为拳种的单位是拳势/拳路二元结构⑥等，并提出"以逆向工程考察拳理的生成、发展、定型"的研究新思路⑦。其技术文化研究以"标准化、差异化、异化"为主题，以推进中国武术传承和发展为宗旨，得出"武术标准化是武术现代化、规模化以及国际化发展的要求，是各级学校普及推广武术的必由之

---

① 闫斌：《乡土武术的历史记忆与文化传承》，北京体育大学博士学位论文，2017。
② 孙刚：《生命美学视域下中国武术审美文化探索》，《武汉体育学院学报》2015 年第 1 期，第 50～54 页。
③ 戴国斌：《武术的仿生性生产》，《上海体育学院学报》2009 年第 33（6）期，第 6～10、29 页；马文友、王廷信：《一种艺术化现象：论象形拳的文化归属》，《艺术百家》2015 年第 2 期，第 130～133 页。
④ 李晖、于善安：《武术动作名称翻译的美学考量》，《上海体育学院学报》2015 年第 5 期，第 89～94 页；王伟：《基于关联理论的武术文本英译策略》，《长春大学学报》2016 年第 5 期，第 41～44 页；李晖：《〈汉英英汉武术词典〉翻译得失论》，《体育科学》2012 年第 2 期，第 94～97 页；谢应喜：《武术翻译初探》，《中国翻译》2008 年第 1 期，第 61～64 页。
⑤ 孙秀娟：《形意拳浑圆力的文化研究》，上海体育学院硕士学位论文，2015。
⑥ 屈政梅：《中国武术拳种特征的研究》，《广州体育学院学报》2011 年第 2 期，第 64～66 页。
⑦ 戴国斌：《文化自觉语境中武术研究的探索与思考》，《上海体育学院学报》2014 年第 5 期，第 67 页。

路，事关国家文化安全，涉及竞技武术和传统武术" 等结论；武术差异化方面，"传统武术脱胎于军事武艺"，不仅在散打上以 "真实的对手" 保留了军事 "真实的打"，以套路 "单练的想象性对手、对练的虚假性对手" 形成了 "审美的打、伦理的打"，升华了军事技击，而且以拳种间差异化发展策略，形成了武术技击范式千姿百态的文化成果；① 武术的异化现象，不仅反映了文化融合②，还有引发文化迷失和认同危机的可能，应复归武术本真、关注拳种的技法研究。

第二，非遗文化研究面对 "保护哪些内容、怎么保护、如何传承" 等现实问题，形成 "非遗主体、非遗本体、非遗传承" 研究焦点。首先，非遗主体研究集中于传承人的界定、保护与管理，提出 "自然人" "技术能人" "公众能人"，以及基于中国话语的 "儿子与弟子" 和 "三千弟子与七十二贤人" 等类别，区分为 "社会、家族、行业以及学校教育" 传承人的类型，认为应本着 "自然属性和社会属性并重" 的原则，以精细化、科学化为目标，建立信息库和搭设平台，形成官方和民间二元化的传承人评定体系③。其次，非遗本体的研究鉴于 "本真性" 是非遗评定最基本的原则之一，面对名利驱使下出现 "伪本真性" "去本真性" 趋势④，应回到非遗发生发展的场域中，从 "生态学" 视角、"有形" 与 "无形"

① 戴国斌：《中国武术的文化生产》，上海人民出版社，2015，第112、94～98页。
② 李凤芝、朱云、刘玉：《中华武术国际传播的归化与异化》，《上海体育学院学报》2015年第1期，第67～71页；李凤芝、朱云、刘玉等：《中华武术文化传承中的归化与异化现象解析》，《内蒙古农业大学学报（社会科学版）》2015年第2期，第120～123页；李凤芝、朱云、刘玉等：《对我国武术文化国际传播中归化与异化问题的研究》，《武汉体育学院学报》2015年第10期，第56～61页。
③ 周超：《中日非物质文化遗产传承人认定制度比较研究》，《民族艺术》2009年第2期，第14页。
④ 周伟良：《竞技武术 "非遗保护" 的法理质疑》，《社会科学论坛》2016年第6期，第117～126页；张震、张长念：《传统社会中武术的异化及其现代性复归》，《体育科学》2015年第5期，第88～95页。

两方面，在"役物"与"格物"中重审武术非遗本体①，将习武共同体作为保护对象②。再次，武术非遗传承研究认为"武术传承即记忆、记忆即传承"。③ 最后在梳理"重保护、轻传统、制度乏力"的问题之余④，提出了"拓展传播空间"⑤"融入教育场域⑥"等思路，以及"市场化发展、产业化促进、休闲旅游带动、网络化推广、信息化评价、互联网＋思路"等路径。

第三，复合文化研究将武术视为诸文化复合体。首先，不仅从"武术本质（定义）"出发深化了武术文化内涵的探究，形成了对象悬置论、本质模糊论、社会需求论等观点，并将武术的定义概括为"对手的文化复合体"⑦，而且从武术与传统文化入手推进了武术文化外延的分析，构成了武术的人文景观、主体性表达、伦理责任、养生技术与进阶程式。其次，武术思想研究，就宏观层面对伦理思想、美学思想、养生思想进行了分析，研究了如近代武术思想、明清武术思想等断代思想史；微观层面关注"人"和"拳种"武术思想，研究了孔子、戚继光、颜元、孙禄堂、向恺然、李小龙等武术历史人物，举办了一系列当代武术家武术

① 戴国斌：《中国武术教育"格拳致知"的遗产》，《体育学刊》2017 年第 3 期，第 16 ~ 23 页。
② 武超：《民间习武共同体的文化生态保护论》，北京体育大学博士学位论文，2017。
③ 闫斌：《乡土武术的历史记忆与文化传承》，北京体育大学博士学位论文，2017。
④ 范铜钢、虞定海：《传统武术传承现状、问题与对策研究——基于非物质文化遗产视角》，《南京体育学院学报（社会科学版）》2015 年 1 期，第 27 ~ 31 页；范铜钢、郭玉成：《论武术文化传承的层次空间、时代困境与未来走向》，《成都体育学院学报》2016 年第 1 期，第 55 ~ 60 页。
⑤ 李开元、商绵健：《北少林武术传承情况概述》，《搏击》2015 年第 11 期，第 25 ~ 27 页。
⑥ 李小莉：《中原武术非物质文化遗产中小学校园传承现状及对策研究》，《河南教育学院学报（自然科学版）》2015 年第 3 期，第 90 ~ 94 页；魏亚菲：《河南省武术非物质文化遗产传承接轨高校体育教育研究》，郑州大学，2016。
⑦ 戴国斌：《武术对手的文化》，《上海体育学院学报》2006 年第 5 期，第 65 ~ 70 页；戴国斌：《武术是什么？》，http：//k. yiban. cn/index. php? c = course&a = detail&h = 1448。

思想研讨会，推进了"人"的武术思想研究。最后，认识到武术门户的性质是"认识武术的桥梁、理解武术的窗口、推广武术的载体，武术发展的阵地、武术繁荣的景观，武术的组织、武术人的家"，分析了近代以来武术门户备受非议的原因系"社会精英'强国强种'公开武术的需要与门户武术'秘不传人'传统的冲突，社会精英对武术人才工业化批量生产的期待与传统武术'谨慎收徒'生产方式的矛盾"① 之后，走出了"培养革命力量、改造国民身体、增强人民体质"的现代转型发展之路。

（三）武术教育研究

武术教育是武术文化传承的重要组成部分，一定程度上也反映武术发展的程度。近期武术教育的研究热点主要集中于"学校武术教育现状、武术教育理念与发展战略、武术教学研究"等方面。

第一，学校武术教育的不平衡性。基础教育的不平衡性表现为"开课学校、教学内容、学生性别比例"的两极分化，普通高校的不平衡性为"新与旧、德与艺、道与术"的后者甚于前者，高职院校的不平衡则是"重实践轻理论"。②

第二，将武术价值细化为"教育、竞技、自卫、健身、医疗、审美、娱乐、经济和社会交往"等价值，不仅需弘扬武术精神中的"忠、义、信、勇"，深入挖掘传统武术文化传承的仪式化认同，继承"格拳致知"的历史经验，认识武术"由制人而制己"伦理化发展形成的武德文化奇观，将武德作为学校武术教育的起点与抓手，而且须吸收外国经验推进武

---

① 戴国斌：《武术：身体的文化》，人民体育出版社，2011，第 162～165、148 页。
② 许江：《高职院校武术教学现状及对策研究——以新疆为例》，《搏击·武术科学》2015
年第 4 期，第 53 页。

术教育的现代化建设，认识其"全人"教育的逻辑起点，涵盖生理、心理、社会身体各方面的育人路径，以及"生命性、具身性、身心统一性"的意蕴。不仅要将武术教育视为国运昌盛、国脉传承的基础，从"激发运动激情，奠定身体基础；优化课程内容，构建系统知识；发掘竞赛价值，塑造人格品质；融入孔子学院，传播武术文化"出发承担助力国运昌盛的责任①，而且应发掘中国武术"生理身体、社会身体、心理身体"教育之经验，推进中国武术教育本土话语理论体系的建设②，坚持中国武术"以拳为物而格，以武之德的养成和拳之艺的继承创新而致知"的"格拳致知"的教育道路③。

第三，学校武术课程设置应坚持"继承与创新、简易性与系统性、统一性与多样性、健身与技击、尚武精神与爱国主义"相结合的原则，武术教学内容的选择要处理好社会需要、学生个体、武术学科要素的关系，以"强化套路，突出技击，保质求精，终身受益"的理念、"一校一拳，打练并进，术道融合，德艺兼修"的思路，实现"强身健体、防身自卫、修身养性、立德树人"的武术教育目的，形成包含"武术参与、武术技能、健康状况与体能、武术认知、情意表现与合作精神"因素在内的指标体系，进一步认识武术学习不可缺少，且为提高武术学习效果重要抓手的缄默性知识④，促使中国武术形成以生理身体"外形－内劲"的体态认知为先导、以社会身体"同伴－对手"的人际关系认知为中介、

---

① 王登峰：《以学校武术教育助力国运昌盛与国脉传承》，《上海体育学院》2017 年第 2 期，第 71～74 页。

② 段丽梅：《武术身体教育之研究》，上海体育学院博士学位论文，2017。

③ 戴国斌：《中国武术教育"格拳致知"的文化遗产》，《体育学刊》2017 年第 3 期，第 16～23 页。

④ 陈新萌：《武术缄默知识体系与教育实践研究——默会认识论视角》，上海体育学院博士学位论文，2017。

以心理身体"谨慎－勇敢"的情绪自控认知为目标的教学方法系统①，以"禁止重击"理念促进校园武术散打的健康发展②。

（四）武术的国内社会发展与国际文化传播研究

作为武术发展重要内容，近年来武术社会和国际发展研究形成传统武术、竞技武术、学校武术及武术国际化发展等方面的新热点。

第一，传统武术发展研究的焦点为断代史、功能演进、现状对策等。断代史研究以文献和考古史料为基础，分析了先秦作为国之大事的武术、汉唐武术成为国家和民众的重要娱乐形式和文化交流手段、两宋民间武艺的新发展、元明清武术的社会发展、民国以来武术的现代化转型。功能演进发展表现为"身体技术－身体艺术－身体文化"三层面特征和拳种"击有其术－舞有其套－演有其理－拳有其派"的发展历程，于个体具有"生存－生命－生活"的教化意义，在新中国组成"病夫抗争"框架集体记忆之光谱。现状对策研究面对"人去艺亡"之窘况、武术域内域外发展的反差，提出了如标准化发展、"互联网＋"等对策。

第二，竞技武术发展的新研究表现在演进、战略、批评等方面。其演进研究集中于套路、散打、推手等竞赛规则的变迁和探讨，技术和选材等的革新研究，竞技武术发展理论的探讨。③ 其战略研究主要集中在奥运会战略、全面健身战略、品牌战略、国际化推广战略、市场化及职业化战略

① 段丽梅：《武术身体教育之研究》，上海体育学院博士学位论文，2017。
② 吉洪林、赵光圣、张峰：《"禁止重击"的学校武术散打竞赛规则研究》，《体育学刊》2017年第3期，第110～114页。
③ 栗胜夫、姚丽华、刘会宾：《我国竞技武术套路发展的必由之路——高难美新真》，《体育文化导刊》2003年第12期，第34～37页。

等。其批评研究反省了"标准化、武术入奥、文化缺失"① 等问题。

第三，学校武术发展研究从发展历史、发展现状、发展策略三个方面进行了分析。其发展历史的研究主要集中在先秦贵族教育、宋明书院教育、近代以来学校教育三个场域，其现状表现为"边缘化、乏味化、重术化、乏力化"四方面发展困境②，其发展策略为"标准化、回归文化、武术教改"。

第四，武术国际化发展研究从发展的思考、历程与现状的分析、发展理念与策略的规划等方面进行了分析。其发展思辨研究认为，武术国际化是"时代发展的新课题、文化交流的新使命、哲学思辨的新论域、发展路径的新探索"，武术国际化是当地人动用本国有关知识理解中国武术的过程，其成果是当地人形成了关于中国武术的视觉记忆和身体记忆③。其发展历程与现状研究，勾勒了传统中国、现代中国的武术国际化简史，指出了武术国际化的国际背景，分析了武术国际化发展现状及困境，提出了五个方面的发展理念及策略。

（五）竞技武术与武术赛事研究

竞技武术，作为武术现代化的产物，现已成为武术事业发展的重要组成部分。近年竞技武术研究的热点主要集中于基本理论研究、科学化训练研究、赛事研究等。

第一，基本理论研究梳理了竞技武术"由表演而比赛，由比赛而系

---

① 杨建营、林小美、屈政梅：《竞技武术套路的技术发展探析》，《体育与科学》2009 年第 2 期，第 75～78 页；王国志、邱丕相：《中国武术"越武越寂寞"的症结及发展策略》，《武汉体育学院学报》2010 年第 4 期，第 91～96 页。

② 国家体育总局武术研究院：《我国中小学武术教育改革与发展的研究》，高等教育出版社，2008；康戈武、洪浩、马剑等：《〈中国武术段位制系列教程〉的学校教学指导方案研究》，《武汉体育学院学报》2014 年第 10 期，第 62～69 页。

③ 罗格里德：《解释学视野下中国武术在非洲的传播与记忆研究》，上海体育学院博士学位论文，2017。

统"的发展历程，总结出"规范化、统一化、创新性"的特征，审视了竞技武术与传统武术的关系，反思了武术入奥，提出了标准化建设思路，以及完善竞赛规则的设想。

第二，科学化训练研究确立了竞技武术的核心竞争力，提出了构建套路"劲力、节奏"评价指标的新模型、重塑对练套路武德文化等建议，围绕垂直旋转类难度动作及对应的连接难度展开了研究，研究了套路运动员的运动损伤，对不同武术项目击打效果进行了运动生物力学分析，从体能、运动心理、技战术运用等方面研究了散打科学化训练。

第三，竞技武术的赛事方面，在近代社会精英认识其"民族雄飞之道"作用后，出现了张之江和褚民谊"比打（散打）还是比演（套路）"的纷争，其意义是拉开现代武术发展的序幕，改变了武术界的传统思想，开启了武术赛事的规范化和科学化，开创了武术社会化传播新模式，促进了现代化武术人才培养，启动了现代武术竞技化生产之旅。当下在国家宏观调控政策下应将我国武术赛事由过去以官方主导的综合赛事过渡到对体育和商业两种赛事类型的新探索，并最终形成协会、企业、官方三者共同参与，"体育赛事、商业赛事、文化赛事"共同发展的并存共生赛事发展模式。

（六）武术段位制研究

段位制是推进当代武术新发展的重要举措，段位制研究在《武术段位制推广十年规划》颁布后，从现状研究、比较研究、推广研究等方面形成武术研究的新热点。

第一，在现状研究中，人们认为应站在文化制高点，继承传统武术的"练打结合"传统，构建体现拳种特征的段位制技术体系，从"发挥政府主导作用，协调体育与教育部门，整合高校与武术团体"等方面完善管理，从"设立锻炼年限、技术与理论、人品与贡献"方面完善考评内容，从"发挥基层考试点的创造性，调动武术团体和锻炼者的积极性"方面完善考评办法。

第二，在比较研究中，根据韩国跆拳道、日本柔道和空手道在形成段位晋升制度后成为奥运会正式竞赛项目的事实，人们认为武术段位制应"强化礼仪规范的个人修为，实现打练结合的考评，增设功力考核，加大进入学校的力度，完善段位制系列教程"，完善武术段位制技术系统和考评体系。

第三，在推广研究中，鉴于存在的"考评机构分布不均衡、宣传手段单一、段位制师资欠缺、教学效果欠佳、考评和申报次数少、申报程序复杂"等问题，应"发挥媒体与舆论导向作用，将段位制视作商品而提高服务消费者的能力，纳入各级学校的教学计划，加强师资队伍培训"。以孔子学院、各国协会、中国驻外机构为阵地，开展项目展示，加强推广骨干的培训，建立培训中心，举办考试或比赛。

（七）传统体育养生与健康促进研究

近年传统体育养生研究形成"历史研究、文化研究、传承与教育研究、国际传播与推广研究、健康促进研究"等新热点。

第一，从"源流与机制、不同时期发展、历史人物养生思想"方面推进了传统体育养生历史研究。人们认为，"传统体育养生、气功"等概念均源自古代"导引"概念，其技术源于原始舞蹈，其机制是知识阶层服务于"帝王长生、自身修身、大众卫生"的联动发展，其历史发展萌芽于先秦，定型于宋代，明代以后影响武术的练气与内练。人们还概括了王船山、颜元等的养生思想[1]。

---

[1] 刘建新、杜红政：《五行学说视阈下王船山养生体育思想探析》，《武术研究》2016年第2期，第112~114页；尤培建、戴国斌：《试论颜元的武医思想》，《体育文化导刊》2015年第8期，第184~187页。

第二，从"典籍的养生观念、地域特征、武术养生思想、健身气功文化内涵"四方面推进了传统体育养生的文化研究。首先，人们认为《黄帝内经》等典籍奠定了我国体育养生实践的理论基础，道家与儒家共同塑造了东方"身心一元"观，形成各具特色的身体观和文化实践系统以及"防重于治"的"治未病"传统①。其次，认为西北地区传统体育养生与少数民族和宗教相关，具有鲜明的宗教色彩和浓厚的道德教化特征，形成集养生、保健、健身、表演为一身的体育文化模式，记录在壁画、书经之中。再次，武术养生将技术教学视作治病过程，建构了其"病历系统"，并从"天行健"和"地势坤"形成了武术养生"动与静"的锻炼方式，树立了"神形兼备"的锻炼目标，也在受养生影响形成"内外兼修"特点之后反作用于养生专家的"武医结合"。最后，人们认为健身气功文化以"天人合一"为理念②，追求"意与形、意与神、意与气"的统一，有助于改善人的身心状态、优化人际关系③。

第三，以全民健身和学校体育为主题对传统体育养生的传承与教育进行了研究。首先，人们认为，传统体育养生内容丰富、形式多样，可以满足不同阶段身体的锻炼需要，具有推广和普及的基础，是民族体育生存、传承、文明共享的根本。传统体育养生的传承与教育可以"中和运动养生论"和"反常态养生论"为指导思想，以"整理具有本土色彩、以休闲为核心的全民健身项目体系"为发展目标。其次，针对当前积极探索养生课程的实践，提出了强化文化观念等建议。

第四，从目的与意义、内容与路径两方面展开了传统体育养生国际推

---

① 吴亦铮、陈振勇：《健身养生，还是传统的好》，《成都日报》2017年3月12日，第8版。
② 李增娟：《导引养生功十二法蕴舍的中华品格》，《才智》2016年第8期，第199页。
③ 梁闻铭：《道家养生思想与太极拳》，《体育前沿》2015年第5期，第11～12页。

广的研究。在目的意义研究中，提出传统体育养生的国际传播与推广，可提升我国体育养生国际化程度和传播影响力，丰富孔子学院传播中国文化的方式。在内容路径研究中，人们提出应以"文化魅力和技术优势"为内容，以"发挥在华留学生群体和形象大使或代言人的作用，搭建互联网平台"为途径。

第五，聚焦中老年人群的慢性病，以"调查研究、实证研究"为方法推进了传统体育养生的健康促进研究。一方面，中老年人具有较高的健康需求，强烈需要专业性的健康指导。另一方面，传统体育养生可改善中老年人的生活，对糖尿病的康复、帕金森病的早期干预具有积极作用。

（八）民族传统体育研究

作为历史积淀的文化心态、社会生活的组成部分和民族标识的民族传统体育[①]，近年其研究聚焦于历史文化现象、保护传承、产业化发展三层面。

第一，历史文化现象研究主要集中在"起源和发展历程、文化成因、特征价值及功能"三方面。首先，起源和发展历程研究在"民族传统体育随人类社会发展而发展"的命题下形成生产劳动和生活节律说、军事训练说、原始信仰崇拜说、种族繁衍说、经济活动说等观点，在"地理环境、社会结构及人文生态为民族传统体育形成基础"命题下形成自然经济说、宗法血缘社会说、精神生活与哲学说等三种代表性观点，而且将其历史发展划分为"古代内部自在发展[②]、近代冲击回应发展和现代复兴发展"三个阶段。文化成因研究，类分了民族传统体育的地域性、民族

---

① 戴国斌：《民族传统体育概论》，高等教育出版社，2015。
② 倪依克：《论中华民族传统体育的发展》，《体育科学》2004 年第 11 期，第 54～61 页；
　　曾于久：《民族传统体育概论》，人民体育出版社，2000。

性、生产性、生活性、封闭性、认同性、娱乐性等多样性，分析了民族传统体育"物质、制度、精神层面"的文化内涵，并将其成因归纳为道德观、血缘家庭生活、和为贵思想、传统哲学观念、传统审美意识、宗教思想、传统思维方式等。特征价值及功能研究，从民族性、文化性、娱乐性、多样性、地域性、传承性六方面概括其特征，从历史、人文、社会、审美、健身五个方面提炼其价值，从文化传承、人文教化、健身娱心、精神激励、民族凝聚分析其功能。

第二，保护传承研究集中于生存空间、保护、传承（播）三者。其中，人们将"文化多元性、全球一体化、文化融合性"作为非遗保护传承的生存空间，从国家政策、学术研究两方面梳理了非遗保护现状，提炼了"本真性、整体性、解读性、持续性、传习性、主体性①、信息性②"的非遗保护原则，区分了传承空间"家庭、学校、社会"，传承内容"器物、制度习性、精神文化"，影响因素"内因、外因"，传播模式"境内和域外"③ 之别，分析了其研究的转向。

① 李荣芝、虞重干：《体育全球化与中国民族传统体育传承研究》，《体育文化导刊》2007年第4期，第84~86页；牛爱军：《非物质文化遗产视角下民族传统体育的保护、传承与发展》，《体育科研》2009年第6期，第56~58页；夏思永：《论少数民族妇女与民族传统体育文化传承》，《北京体育大学学报》2014年第3期，第27~32页。

② 王震、付明、马焱：《我国民族传统体育网络信息化构建的对策研究》，《科技展望》2015年第32期；黄琦：《信息化背景下民族传统体育发展研究》，《体育文化导刊》2015年第10期；刘少英、肖宪平、赵志强：《少数民族传统体育虚拟博物馆构建研究》，《成都体育学院学报》2009年第12期，第45~47页；周明华、万会珍：《民族传统体育文化的数字化与实际应用研究》，《体育文化导刊》2016年第8期；周翠云：《数字化下的民族传统体育文化的传播与发展》，《体育时空》2016年第19期。

③ 张茂林、虞定海、王美娟：《民族传统体育国际化与传播影响力提升研究——以健身气功推广为例》，第五届中国体育博士高层论坛论文集，2014，第45页；李政、陈礼：《中国民族传统体育在北美传播研究》，《体育文化导刊》2013年第12期；杨柳：《民族传统体育项目的国际化传播策略研究》，武汉体育学院硕士学位论文，2013；肖煌辉：《中华民族传统体育在韩国孔子学院传播的现状和对策研究》，北京体育大学硕士学位论文，2015。

第三，产业研究从内涵、开发、支持体系与战略等方面展开系列探索。其内涵研究分析了概念，指出了分类及特征，将其个性定位为"文化产业化面向、体力密集型属性、环保绿色"。其开发研究，从其独特使用价值出发将其特性概括为"文化生态性、产品无形性、生产消费同步性、投资开发经济性"，指出其市场定位的产品、形象、消费者、发展途径等维度。其支持体系与战略研究，提出包括"政策环境、经济环境、法制环境、文化环境、产业环境、人才环境"的支持体系，以及"创新发展、品牌推进、国际化发展、项目带动"四位一体的战略选择。

二　从中国梦看武术发展趋势

在中国"走进世界舞台的中央"的过程中，其"文化传承工程""一带一路"等建设为中国武术提供了发展的新机遇，提出了发展的新愿景。

第一，"中华优秀传统文化传承工程"背景下武术发展的新使命。作为理论自信、道路自信、文化自信、制度自信的中国，需以国民文化认同、文化自信作为基础，大力实施中华优秀传统文化传承工程。因此，一方面，如何认识武术发展与中华民族文脉传承的关系，深入探索武术所承载的中华文化精神，鲜活体现武术所表达的中华文化风采，实现武术发展与中国国运昌盛的同呼吸共命运，即将成为新时期武术发展的新课题；另一方面，如何"不忘本来，吸收外来，面向未来"构建武术文化传承系统，发挥武术在实现中华民族伟大复兴的中国梦建设中对国民心理底色和精神状态的作用，培育国民文化自信的沃土，强化国民武术教育、尚武精神培养，是中国武术文化传承理论研究和实践探索须肩负起的新使命。

第二，全民健身与全民健康深度融合背景下武术发展的新任务。健康是人之基本权利，国际社会持续关注健康。近代中国在"病夫"意向中形成了"强国强种"话语、推进了"国民身体改造"。新中国以"增强人民体质"为己任，在四十余年群体工作实践后相继颁布了《全民健身计划纲要》（1995年）、设立了"全民健身日"（2009年）、明确了健康中国建设目标（2015年），并组织了国际性健康会议（2011年世界健康高峰论坛、2016年第九届全球健康促进大会）。因此，如何发掘中国武术及传统体育养生文化的历史经验，审视中国武术养生文化对"身/心、己/人、人/天"的认识，科学论证不同拳种、不同运动方式、不同运动程度对身心健康的效应与机制，系统整理和探索中国武术与传统体育养生对运动姿势、呼吸、心理调节的方法系统与健康机制，发掘中国武术与传统体育养生对当代中国人生活方式的作用、培育生活方式的文化自信，是中国武术理论研究和实践探索需完成的任务。

第三，"一带一路"倡议下武术发展的新路径。走进世界舞台中央的中国，为致力打造"美美其美，天下大同"的利益共同体、命运共同体和责任共同体，提出了面向世界、福泽人类的"一带一路"合作发展理念和倡议。"一带一路"为武术国际化发展指出了理论新领域、描绘了发展新路径：一是根据"印度佛教到少林寺到少林武术"、"福建南拳到日本唐手到空手道"、武术"海外兵团"的武术传播史等整理武术国际化的历史经验，聚焦武术与海外华人社会发展，对东南亚和欧美华人商团的武术认同进行海外田野调查；二是从增设太极拳、健身气功等方面完善对外汉语专业的培养方案，或探索武术对外汉语专业，在来华留学生教育中增设"太极拳健康与文化"硕士专业，组织面向青少年的"'一带一路'武术夏令营"，在"一带一路"沿线国家合作建立中国武术学院、中国太极拳学院，拍制"武术文化发现之旅"纪录片，建立"'一带一路'武术交流网站"，设立"我与世界冠军（武术名家）学武术"栏目，拍摄各国武术冠军、武术名人的体育教学片；三是以文化交流为主体、以竞技和健康为两翼（一体两翼），以现有国际武联或区域武联为阵地，建立沿线国家间区域性武术文化交流机制，寻求武术文化交流的最佳契合点和武术合作发展的最大公约数，建设武术发展共同体，促进沿线各国武术领域的互利互惠、融合发展，组织"'一带一路'武术教练员高级研修班"，创办具有沿线国家共同地域特征的"'一带一路'龙舟锦标赛"等武术品牌赛事。

第四，智库建设背景下武术发展的新目标。智库（Think Tank）是社会发展到一定阶段的表征，承担国脉传承、国运昌盛、国家形象任务的中国武术，需要启动智库建设而保持其科学发展，提高其面向国家战略的服务力。武术智库建设，从其主体而言可粗分为"官方智库、高校智库、民间智库"三类。其中，官方智库可以国家武术研究院专家委员会为主体，在地方调查、政策研究中发挥决策咨询和科学评估作用；高校智库如以上海体育学院中国武术研究中心为基地，发挥其第一个民族传统体育学博士点、20 年民族传统体育学博士生培养经验、国家级重点培育学科的优势，以其中国体育科学学会武术与民族传统体育分会挂靠单位为平台，编写反映中国武术发展状况、预测未来发展趋势的《中国武术研究报告》，加强官方智库和民间智库的互动，搭建武术智库研究成果转化应用平台；民间智库如以陕西红拳研究会为例，在推进地方拳种传习中，收集社会武术和民间武术发展信息，发挥文化传承、沟通交流的作用。

第五，产业发展背景下武术发展的新蓝图。近年来，国务院相继出台了如《关于加快发展体育产业促进体育消费的若干意见》（国发〔2014〕46 号）、《关于加快发展健身休闲产业的指导意见》（国发〔2016〕77 号）等重要文件，从制度上为体育产业营造了一个良好发展环境。武术作为中国传统体育的优秀代表，因其独特的运动方式、风格特点以及突出的健身、审美、教育价值，而具有巨大的产业化发展潜能，初现以社会武术发展为主体，以市场化运作为机制，以"规范化、集群化、品牌化、市场化、国际化、个性化、专业化、多元化、融合化、互联网化"为目标的发展新趋势。

第六，文化自信背景下武术竞技发展的新动态。作为武术文化的本质、现代化成果的竞技武术，其文化自信的新发展存在两方面趋势。一是在近现代以来"睁眼看世界""与西方接轨"的"吸收外来"之后，须"不忘本来"地融摄传统武术技术特色，"面向未来"地凸显中国风格，做好竞技武术技术系统的创造性转化、创新性发展。二是重新理解中国武术对身体的认识，整理中国武术身体训练的理念与方法系统，推进武术运动训练学研究。三是在建立健全武术职业赛事、商业赛事、专业赛事协调发展的同时，重新发现如射礼等中国传统体育赛事的文化基因，重拾中国赛事文质彬彬的文化理想，打造具有中国气派的武术新赛事。

二 ｜ 分报告

新方法新思路的武术历史研究

陈振勇　吉灿忠　刘文武*

摘　要：　近年武术历史研究主要集中于方法、思路、拳种、典籍、地域武
术、武术人武学思想等六个方面。其中，口述历史法在取得初步
成果后成为新热点，话语分析、历史人类学成为武术历史研究方
法的新尝试；重拾中国武术话语、整理武术历史经验正在成为武
术历史研究的新目标，并形成了"用逆向工程寻其文化逻辑起点，
借助拳种形成发展的文化生态发现其文化基因，通过具体的武术
人研究其文化个性的确定、形成、发展"等研究新思路，在地域
武术、典籍研究中武术人成为武术思想史研究的新焦点。

关键词：　武术历史　拳种　典籍　地域武术　武学思想

　　历史研究是一种旨在探讨人类社会历史发展规律的认识活动。武术历
史研究则以武术的产生、衍变与发展规律为核心关注点，是武术学科的基
础和理论研究的主要领域之一。从某种意义上而言，中国武术史堪为中国
历史的剖面。2017 年 1 月 25 日中共中央办公厅、国务院办公厅发布《关
于实施中华优秀传统文化传承发展工程的意见》，在此国家意识引领下，

---

　*　陈振勇，成都体育学院教授，研究生部副主任；吉灿忠，河南师范大学教授，河南师范大
　　学河南省非物质文化遗产研究基地兼职研究员；刘文武，上海体育学院副教授，中国武术
　　研究中心副研究员。

武术历史的深入研究是建设文化强国、复兴传统文化，进而强化武术与民族传统体育话语（理论）体系和凝聚文化认同的必然。为进一步梳理和归纳中国武术历史研究的新进展，我们以"中国知网"为检索工具，尤其对近年（2014～2017）研究现状和问题进行了分析，并提出了未来研究的可能趋势。

一　武术历史研究进展

在近代中西体育文化交锋中，文化自觉推促部分学人尝试进行了中国武术历史的书写，初步奠定了武术史学研究的基础。至20世纪80年代，与中国经济社会发展相适应，武术历史文化研究方兴未艾，确立了中国样式的武术史观。近年来，伴随武术实践发展和相关学科研究的深入，武术历史研究多学科、多视角进行，取得了长足进展，主要体现在史学方法、研究思路、拳种、典籍、地域武术、武术人的武学思想等几个方面。

（一）武术史学方法

一门学科的重大突破往往有赖于研究视野的扩大和研究方法的创新。换言之，特有方法的形成与使用也昭示着该学科的成熟。

近年最为突出的是人们运用口述历史的新方法推进了武术历史研究。徐皓峰在2006年用口述历史的方法记录了形意拳人的习武历程[1]。2008年以来上海体育学院在学界率先启动武术口述历史的研究，其中，戴国斌获2011年国家体育总局体育哲学社会科学研究项目、赵光圣获2013年国家社科基金资助项目，戴国斌先后指导7篇硕士论文、出版武术口述历史

---

[1]　徐皓峰：《逝去的武林——1934年的求武纪事》，当代中国出版社，2006。

研究成果，其可贵的学术探索是，在学术规范上对武术口述历史研究"口述对象的'三亲'标准、口述资料标注的匿名化处理、文本样式的口述与文献互证、口述内容发掘记忆的研究目标"等进行了初步探讨，在研究范式上将原先宏大的武术发展研究微观化为大众的锻炼体验，深化了大众的武术记忆，以呼应我国体育"增强人民体质"的政治使命。① 口述历史研究成为近年武术研究的新热点、新方法。此外，在新方法借鉴与综合运用方面，周延运用话语分析了近代武术"病夫""国民""统一""革命"四组话语，认为近代以来的武术现代化是将"国民"作为发展对象、将"国家富强"作为发展目标的"国家化"发展过程；② 龚茂富运用历史人类学的研究方法，以民国时期青羊宫花会"打金章"为个案对民俗生活中民间武术的权力实践与精神实质进行了深入的考察分析；③ 唐芒果、蔡仲林从社会学视角，对近代前期武术从业者群体的生存镜像与职业变迁进行了研究；④ 阎彬、马学智从文化阐释视角出发，阐释了20世纪80年代"武术热"产生的文化根源和深层文化意义。⑤

（二）武术历史研究思路

"以史为鉴，可以知兴替"，"观今宜鉴古，无古不成今"。近代以来，"传统"在经历由"优秀"到"有待改造、需要打倒对象"的改变后，武术研究在文化自觉的今天越来越多地开始形成从历史经验的发现与整理

① 戴国斌：《新中国武术发展的集体记忆：一项口述史研究》，人民体育出版社，2016。
② 周延：《话语视角下近代武术发展之研究》，上海体育学院硕士学位论文，2007。
③ 龚茂富：《民俗生活中民间武术的权力实践与狂欢精神——基于民国青羊宫花会"打金章"的历史人类学考察》，《成都体育学院学报》2017年第1期，第75页。
④ 唐芒果、蔡仲林：《近代前期武术从业者群体的生存镜像与职业变迁》，《北京体育大学学报》2016年第2期，第35~39页。
⑤ 阎彬、马学智：《文化视野中的武术热：历史回溯与现实观照》，《北京体育大学学报》2016年第2期，第23~28页。

中对待历史研究的新思路。

一方面，学界举办了面向历史经验的研讨会。2016 年 7 月 11 日，河北师范大学承办的中国体育科学学会武术与民族传统体育分会的"学校武术与发展论坛"梳理了武术教育和武德的历史经验。2016 年 9 月 3 日，中国体育科学学会武术与民族传统体育分会在上海体育学院召开的"民族传统体育非物质文化遗产项目展演及研讨会"在分析民族传统体育非物质文化遗产现状的同时，也探讨了作为文化遗产的武术的历史发展经验。

另一方面，人们也具体推进了武术历史经验的新研究。例如，有人从文化史视角在历史发展的文化实践中寻找中国武术传播对象、内容、目标的本土话语，指出武术传播的历史经验应整理"在传播对象上师父如何因材施教和区别对待，在传播内容上师父如何处理新授与复习或学与练，在传播目标上门户如何对待普及与提高和继承与发展"等文化遗产。[①] 有人将武术教育的历史经验概括为"以拳为物而格，以武之德的养成以及拳之艺的继承与创新而致知"的"格拳致知"。[②]

（三）武术拳种历史研究

拳种的产生标志着武术的成熟，是武术本体的呈现形式，是武术文化遗产保护与传承的基本单元。拳种历史是武术历史的主体和主要研究内容之一。当前学人主要从拳种人物与源流、拳名与拳理、区域拳种三方面进行历史研究。

---

① 戴国斌：《中国武术传播三题：文化史视角》，《上海体育学院学报》2016 年第 3 期，第 56～61 页。
② 戴国斌：《中国武术教育"格拳致知"的遗产》，《体育学刊》2017 年第 3 期，第 16～23 页。

1. 拳种人物与源流考证研究

在拳种人物研究中，洪浩、梁宇坤从文献、实物、考古三个方面论证了张三丰与太极拳没有关系的结论。① 王攀峰、刘定一、梁冲焱对形意拳宗师戴龙邦的生卒年、名、字、号及师承等问题进行了新的考辨。②

在拳种源流研究中，罗国旺、谭广鑫对广东蔡家拳源流进行研究，认为广东蔡家拳的形成与"天地会""南少林"具有一定的关联，其有据可查的传承时间为 200 多年。虽然各地拳师对蔡家拳进行了与时俱进的革新改造，但仍面临后继乏人的现代化发展窘境。③

2. 拳名与拳理考辨研究

在武术拳名研究中，唐韶军、戴国斌在现存各说辨析基础上，围绕"亮拳说"的资料进行挖掘和逻辑分析后认为，"梅花拳名称源于梅花盛开时的亮拳活动"为可信的拳名说。④ 李圣、虞定海从"象思维"理论的视角，对太极拳心法的概念、构建模式、构成要素、原理作用以及运用要点进行了探讨。⑤

关于武术拳理，现有学术研究观点多为对旧观点的重复性论证、少有新见，其研究思路多为对拳种历史脉络的梳理、少由拳种技术角度探究其理、罕见在拳种之间比较其理。有人提出"用逆向工程的思路寻拳种文化的逻辑起点，借助拳种形成发展的文化生态发现其文化基因，通过具体

---

① 洪浩、梁宇坤：《张三丰创太极拳说考论》，《武汉体育学院学报》2015 年第 3 期，第 46～52 页。
② 王攀峰、刘定一、梁冲焱：《戴氏心意拳起源考辨》，《体育文化导刊》2014 年第 6 期，第 168～171 页。
③ 罗国旺、谭广鑫：《广东蔡家拳源流探析》，《体育文化导刊》2016 年第 7 期，第 78～81 页。
④ 唐韶军、戴国斌：《对梅花拳名称来源的考证》，《山东体育学院学报》2014 年第 6 期，第 68～72 页。
⑤ 李圣、虞定海：《太极拳象形取意的隐喻认知》，《上海体育学院学报》2016 年第 3 期，第 73～79 页。

的武术人研究其文化个性的确定、形成、发展"等武术拳理研究新思路。①

3. 区域性拳种历史研究

在甘肃地域武术拳种交流方式、动因及阻碍机制的研究中,张胜利、郭志禹认为,军旅武艺与民间武术的互动、商贸与职业授武的并存、躲避中原战乱的历史、现代工业移民的新潮等终将外来拳种带入甘肃,但自然地理的绝缘和保守思想的封闭以及民族宗教的隔阂是阻碍甘肃武术交流的主要因素;② 在广东洪拳研究中,陈星潭认为洪拳的萌发与清代秘密社会洪门有关,其他岭南拳种大多与洪拳有交叉;③ 马波指出洪拳的技术演进与中国武术体系整体演进几乎同步。④

(四)武术典籍研究

武术典籍是武术成熟的重要标志,是武术发展"由术至道"的理论升华,系中国文化的承传载体,为武术历史研究的重要对象。

在武术典籍研究中,因典籍文献的形成具有时代性,其价值发挥和有序传承则需进行现代阐释。在对明代著名武术专著《剑经》研究中,张银行认为《剑经》之名泛指武艺与兵事,是俞大猷书剑情怀和民族情结的寄托;名"剑"实"棍",是俞大猷基于战争需要,融兵法与剑技、枪技等武艺于棍技的综合创新,是八闽文化的结晶。⑤ 在明代武术古籍研究

---

① 戴国斌:《文化自觉语境中武术研究的探索与思考》,《上海体育学院学报》2014 年第 5 期,第 65～69 页。

② 张胜利、郭志禹:《武术文化的地域特征研究:基于甘肃境内武术文化的地域分布及典型拳种的地域风格》,《北京体育大学学报》2015 年第 3 期,第 46～51 页。

③ 陈星潭、赵文龙、李吉远、徐永峰:《岭南传统洪拳的文化研究》,《广东体育学院学报》2016 年第 4 期,第 52～55 页。

④ 马波:《南拳文化考析》,《体育文化导刊》2016 年第 1 期,第 168～171 页。

⑤ 张银行:《〈剑经〉研究》,《体育科学》2014 年第 12 期,第 18～29 页。

中，李吉远、谢业雷认为无论是以冷兵器为主的军阵武艺抑或民间武术，器械技艺是明代武术的主流，而中晚期出现拳种流派的文献记载，预示着拳法将成为后来武术门派拳种的基础。① 此外，程馨和程大力在整理相关典籍后探究了近百年少林武术研究"全面开花之态势、无限接近之事实、突破孤军之现实"等特点②；史友宽从《清稗类钞》相关条目出发论证了"有清一代少林为具有重要影响力的武术派别，其集合概念为'少林拳棒''少林拳法'和'少林寺拳法'，'少林拳'为少林武术的一种拳法"③；邵建功概括了拳经秘籍《九要论》所蕴含的"形神兼备的整体合一、阴阳相生的动态平衡、因势利导的灵活变化、不拘成规的创新发展"武学思想；④ 张志勇分析了陈鑫《太极拳图画讲义》对陈式太极拳发展的价值⑤。

（五）地域武术历史研究

作为十年来的研究热点，地域武术的历史研究近年来的新动态是出现"村落武术、地域武术断代史"等深入性研究，呈现由"宏观勾勒"向"微观深描"的发展趋势。

1. 村落武术研究

在近代广东五邑侨乡武术文化的历史演化与传播研究中，索奇山、胡

---

① 李吉远、谢业雷：《明代武术的发展：基于武术古籍的研究》，《体育学刊》2015 年第 1 期，第 113～117 页。
② 程馨、程大力：《近百年少林武术研究述论》，《中国体育科技》2017 年第 1 期，第 45～55 页。
③ 史友宽：《〈清稗类钞〉中的少林武术研究》，《南京体育学院学报》（社会科学版）2016 年第 1 期，第 34～38 页。
④ 邵建功：《拳经秘籍〈九要论〉研究》，《体育文化导刊》2014 年第 3 期，第 165～168 页。
⑤ 张志勇：《陈鑫〈太极拳图画讲义〉的文献价值及学术地位》，《体育学刊》2017 年第 1 期，第 12～19 页。

小军认为，清代武举人才辈出以及近代五邑武术拳派分化是侨乡武术文化形成与发展的时代背景，武术名家注重武德、拳派林立是五邑武术的特点，内地传承落后于海外发展是当前总体形势。① 在桂东南州佩武术历史发展研究中，高会军等运用口述历史、实地调研等方法，梳理与分析了桂东南州佩武术的历史源流与传承体系，剖析了桂东南州佩武术文化现象的内在逻辑。② 此外，沈丽玲运用田野调查的研究方法，考察了福建省屏南溪下村武术形成与发展。③ 魏烨对山东郓城县孙庄武术的兴起与衰落进行了口述史研究。④ 最后，韩红雨和戴国斌认为，武术地域研究，不仅仅是静态的村落地域研究，还应有动态地域武术的观念与研究。⑤

2. 地域武术断代史研究

在先秦时期齐鲁武术研究中，徐强、张胜利认为，基于齐鲁不同的自然人文环境及统治者殊异的经营方略，形成了因循守成而崇文重礼的鲁文化与务实革新而尚武的齐文化；其中，作为鲁文化核心的儒家文化对武术的伦理、民族与国家意识培育影响至深，作为齐文化精魂的兵学文化成为武术技击理论探索的渊薮。⑥ 在元至民国时期青岛武术发展研究中，王艳花认为青岛武术文化不仅与道教渊源深厚，而且元末至清朝时期的决绝斗争促进了青岛武术文化的传播，辛亥革命后武术组织的大量涌现为青岛武

① 索奇山、胡小军：《广东五邑侨乡武术文化研究》，《体育文化导刊》2014 年第 9 期，第 48~51 页。

② 高会军、苏华东、蒋震彪：《桂东南州佩武术口述史研究》，《成都体育学院学报》2014 年第 7 期，第 1~7 页。

③ 沈丽玲：《闽南溪下村武术发展的历史变迁》，《体育文化导刊》2014 年第 5 期，第 52~55 页。

④ 魏烨：《口述史：孙庄武术的兴起与衰落》，《体育文化导刊》2015 年第 2 期，第 169~172 页。

⑤ 韩红雨、戴国斌：《中国地域武术研究的现实困境及突破》，《广州体育学院学报》2017 年第 2 期，第 74 页。

⑥ 徐强、张胜利：《先秦时期齐鲁武术文化研究》，《武汉体育学院学报》2014 年第 2 期，第 60~63 页。

术文化发展奠定了坚实的基础。① 在江苏沛县近现代武术发展研究中，陈威认为该县近现代武术文化的传承流变历经晚清及民国期间的自在习武期、解放后的体育化转型期、改革开放后发展经济背景下的繁荣期和新世纪以来的传统失落等四个阶段。②

（六）武术人的武学思想研究

武术作为一种浸润中国文化的"身体文化"，凸显了"人"在武术创造与续传过程中的核心位置，对武术发展有着杰出贡献的武术家的武学思想史是武术历史研究不可或缺的组成部分。

近年来，一系列武术学术会议推进了武术人武学思想研究。如上海体育学院在 2011 年 12 月 7 日举办的"传统武术传承与发展暨蔡龙云武术思想研讨会"，2016 年 7 月 16 日举办的"张之江生平专题展暨武学思想研讨会"，2016 年 11 月 21 日举办的"第五届申江国际武术学术论坛暨蔡龙云武术思想研讨会"；北京体育大学 2015 年 11 月 7 日举办的"张文广先生武术教育思想研讨会"；成都体育学院 2016 年 11 月 16 日举办的"郑怀贤武学思想研讨会"。其次，人们对武术家的武术思想研究既涉及古代历史人物，亦不乏当代武林家。马伯韬对于清康熙五十一年（公元 1712 年）壬辰科武探花、御前侍卫杨炳的武学思想进行了评述，在杨氏之作《习武序》的内容结构、技理成就、学理基础等方面进行了较为全面阐述，认为杨炳的武学思想与中国传统文化一脉相承，杨氏《习武序》中梅花拳之理糅进了中国古代朴素辩证思维观念。对杨氏后人杨彦明眼中

---

① 王艳花：《元至民国时期的青岛武术发展及其影响》，《体育文化导刊》2014 年第 4 期，第 160～163 页。
② 陈威：《近现代武术文化传承流变：基于一个武术之乡的考察》，《西安体育学院学报》2015 年第 3 期，第 10～19 页。

"习武、崇德、治世"的杨炳武学思想核心，路遥先生认为"杨炳的《习武序》在梅花拳发展史上具有里程碑的意义，最主要是阐述了'习拳'应如何'治世'的思想，这比单纯习武的其他拳种高出一筹"。① 杨祥全分析了程宗猷人生史及其武术著作《少林棍法阐宗》的结构内容、价值意义和后世影响。② 邱丕相、郭玉成运用口述史方法对武术泰斗、民族英雄蔡龙云的武术人生进行了全面回顾。③ 刘继武、李英奎对武术泰斗张文广武学思想进行了深刻剖析。④ 王明建从"点面结合、立德树人、多维对接"三方面总结了郑怀贤武学思想。⑤ 喻德桥肯定了唐豪的学术质疑精神和去伪存真的科学态度，以及对中国武术史和武术文化研究科学化发展的贡献⑥。

二　武术历史研究现状分析

近年的武术历史研究虽不乏开拓进取的新成果，但相对于武术文化、武术教育、武术传承等领域的研究而言仍处于冷状态。梳理武术史学研究发现，武术学人在武术历史研究领域的方法与原理、文献运用等方面尚处于起步阶段，存在以下禁囿武术学科成熟与快速发展的问题。

---

① 马伯韬：《武探花杨炳〈习武序〉武学思想论析》，《搏击·武术科学》2014 年第 1 期，第 19～21 页。
② 杨祥全：《艺中魁首　夜叉正传——程宗猷〈少林棍法阐宗〉散论》，《搏击·武术科学》2014 年第 10 期，第 1～6 页。
③ 邱丕相、郭玉成：《丹心精论　高岸深谷——漫谈武术泰斗蔡龙云先生对中国武术的贡献》，《上海体育学院学报》2016 年第 1 期，第 1～3、20 页。
④ 刘继武、李英奎：《试析张文广武学思想》，《南京体育学院学报》（自然科学版）2016 年第 1 期，第 95～99 页。
⑤ 王明建：《郑怀贤武学研究的意义与思考》，《成都体育学院学报》2017 年第 3 期，第 49～53 页。
⑥ 喻德桥：《唐豪武术学术思想研究》，《武汉体育学院学报》2017 年第 1 期，第 72～76 页。

（一）研究领域不均衡，缺乏全面性

近年来武术史学研究的研究领域和研究内容存在一定不均衡性。其中，武术拳种源流和人物历史考证研究最多，有 144 篇，占总数的 39.89%；其次是地域武术文化方面的史学研究，有 90 篇，占总数的 24.93%；再次是武术史学方法，有 51 篇，占总数的 14.12%；然后是武术典籍文献，有 48 篇，占总数的 13.30%；接着是版本史学的研究 27 篇，占总数的 7.48%；而武术历史专著的评论研究最少，仅 1 篇，占总数的 0.28%。

（二）方法原理单一，缺乏交融性

史学是武术人文社会学研究的基础学科，是构建当代武术学科的理论基石。由于武术是中华民族文化的浓缩，其历史研究不可避免地会涉及社会史、政治史、教育史、哲学史等学科，但现行武术史学研究，在方法上罕见运用家谱学、文献学、考据学等方法，在理论上缺乏其他学科原理的侧面旁证，在思路上缺少"观今宜鉴古"历史经验的总结。如拳种史研究，不仅可诉诸考古学、民俗学等研究方法，综合技术史、思想史、哲学研究成果等，而且其历史研究还是当下非物质文化遗产甚至竞技武术发展的历史之鉴。

（三）文献应用不全面，缺乏综合性

历史学研究是依据史实论证问题，是依靠材料占据话语权的学科。而当下武术历史研究在文献运用上，不仅缺乏文献挖掘、史料梳理、史实重建、历史研究价值、引证注解方面的阐释与说明，而且忽略了对考古史料、民间抄本、口述史材料的考证，淡化了官修史料、地方史志、文本文献的应用和家谱学间的技术甄别。

三　研究展望

作为武术基础性研究，武术历史研究应肩负文化自觉、文化自信使命做好三方面研究。首先，在"体育强则中国强"命题下，从论证"武术与国家治理、武术与社会治理、武术与人民生活"的关系出发整理武术发展的历史经验。其次，在服务中华优秀传统文化传承工程建设中，运用中国历史的传记传统和人类学研究成果开辟武术家的人生史研究，运用地方志、口述历史等资料从某一拳种出发追踪其生成与发展的拳种史、流布大江南北的传承史，综合历史研究方法深度发掘武术典籍的优秀武术文化。最后，在服务"一带一路"建设中，深描印度佛教到少林拳、福建南拳到日本唐手和空手道等文化交流的历史经验。

复合视角的武术文化研究

戴国斌　韩红雨　王　震　王明建[*]

摘　要：　作为中华优秀传统文化"全息镜像"的武术，一直为学界持续关注的热点。近年来，武术文化研究从地域、拳种、美学三个方面推进其文化特征的分析，从主体、本体与传承三个层次推进非物质文化遗产研究，从其复合性出发探索武术内涵外延、武术思想、武术组织。

关键词：　文化研究　文化特征　非遗文化　复合文化

从历史时空中氤氲而生的中国武术，融合易、儒、释、道、兵、医等传统文化，继承中华优秀传统文化，融入传统的国家治理理念，成为现代中国建设的组成部分。20世纪80年代起学界掀起了武术文化热，展开了武术本质、概念、功能、价值等文化特征的大讨论，形成"武术属于体育，高于体育""武术源于中国，属于世界"等时代话语。进入21世纪，伴随中国文化自觉、文化自信的树立，在武术文化特征的持续研究中，文化遗产尤其是非物质文化遗产成为武术研究的新热点，武术文化的复合体成为武术研究的新视角。

---

* 戴国斌，上海体育学院教授，武术学院院长，中国武术博物馆馆长，中国武术研究中心主任；韩红雨，河北体育学院副教授，武术理论教研室主任；王震，上海体育学院副教授，中国武术博物馆副馆长；王明建，成都体育学院副教授，武术学院副院长。

一 文化特征研究

文化特征作为文化的元素，是学界持续关注的焦点，是武术文化研究须臾未离的研究对象。在近年武术文化特征研究中，人们不仅持续关注其独特的地域特征、鲜明的美学特征，而且将千姿百态的拳种作为理解、探索武术文化特征的新视角。

（一）地域特征研究

在与地理生态、社会环境、生业方式等的互动过程中，武术形塑了自身的地域性特征，凝练出"南拳北腿、东枪西棍"的社会认知。围绕武术的地域性特征，当下学界形成了"宏观的行政区划地域武术研究，中观的武术之乡研究，微观的村落武术研究"的研究思路，推进了地域武术文化的比较研究，初步建构了地域武术理论系统。

1. 宏观地域武术研究

在 20 世纪 70、80 年代拳技、拳理挖掘整理之后，20 世纪 90 年代开始基于史料的武术地域风格的学术梳理，21 世纪初开始从宏观审视地域武术发生机制、发生过程。如学者们提出，空间社会地理人文是形成武术之乡的基础。其中，海洋文化、农耕游牧文化、码头文化、京城文化、燕赵文化等时空交织，造就了"重击轻舞、求新求变"的沧州武术；[1] 军事战争、地理环境、民族文化、宗教文化等的滋养，推进了徐州武术的多元生产；[2] 儒

---

[1] 韩红雨：《国家与社会视野下沧州武术研究》，上海体育学院博士学位论文，2015；韩红雨、同波、陈长春等：《地域生态与文化特质：沧州尚武精神的历史形塑》，《河北体育学院学报》2015 年第 6 期，第 89～92 页。

[2] 卢闪闪、王洪鑫、杜相锋等：《地域文化对徐州武术拳种形成的因素分析》，《商丘师范学院学报》2015 年第 12 期，第 92～96 页。

家文化、水浒文化等汇集成重仁义的济宁武术，[①] 农牧交融的生产方式催生了甘肃棍文化的古朴性和原生态风格，[②] 基于土家族的生存、生活等智慧，构建了具有韵律的土家族武术。[③] 同时，人们开始从"研究原则、研究内容、格局与划分、文化特征、未来趋势"等方面初步构建地域武术研究范式。[④]

2. 中观区域武术研究

在中观区域武术研究中，人们从两方面展开了新尝试。一是地方叙事成为地域武术研究的新尝试。如天津作为典型的"文化孤岛"，人文上发端于军屯，受益于运河，空间上介于燕南赵北，造就了其拳种门户鲜明的主体性、创新性，刻画出"津门武术"的独特性。[⑤] 二是武术之乡成为区域武术研究的对象，人们先后研究了临清、佛山、亳州、武山、文水、沧州、梅山、武山等武术之乡，分析了京师武术文化的"包容性、权威性、先进性、创新性"特征[⑥]。

3. 微观村落武术研究

在微观区域武术研究中，村落武术成为武术初级生态探究的对象，成为考察武术与社会互动关系的新窗口。如河北邢台村落梅花拳通过社会动员和群体教化，推进了义和团运动[⑦]。湖南梅山民众文化主体需求的变

---

① 周永芹：《地域武术文化研究——以山东济宁为例》，西安体育学院硕士学位论文，2015。
② 张胜利、郭志禹：《武术文化的地域特征研究——基于甘肃境内武术文化的地域分布及典型拳种的地域风格》，《北京体育大学学报》2015 年第 3 期，第 46～51 页。
③ 刘尧峰：《土家族武术文化研究》，上海体育学院博士学位论文，2015。
④ 郭志禹：《中国地域武术文化现代阐释及其发展趋势研究》，学苑出版社，2013。
⑤ 杨祥全：《津门武术：独立的武术文化区》，《山东体育学院学报》2012 年第 5 期，第 43～47 页；彭都都：《地域武术文化研究的新突破——〈津门武术〉书评》，《搏击·武术科学》2015 年第 6 期，第 33～34 页。
⑥ 朱君：《京师武术文化研究》，上海体育学院博士学位论文，2017。
⑦ 张士闪：《民间武术的"礼治"传统及神圣运作——冀南广宗乡村地区梅花拳文场考察》，《民俗研究》2015 年第 6 期，第 38～47 页；唐韶军：《生存·生活·生命：论武术教化三境界》，上海体育学院，2015；马爱民：《豫北义和拳运动与梅花拳的广泛流传》，《安阳师范学院学报》2016 年第 5 期。

迁，主导着该地武术的转型。① 人们认为，村落人口变迁影响着村落武术的兴衰；作为村落文化的复制和拓展，村落武术构成了精神生活的重要组成部分，强化了基层民众共同体意识，推动了集体行动逻辑的形成；也在当下新农村建设中体现出较强的公益性与生活实践逻辑，包含身体构建与精神构建两部分，具有乡土性。

（二）拳种特征研究

拳种，作为武术的本体表现形式，是武术的重要组成部分，是武术发展成熟的标志，是武术文化个性的重要窗口，也是武术研究的基本命题。近年来学界对拳种的关注主要集中在拳理、拳技和比较研究上。

1. 拳理文化研究

拳理，作为武术文化的重要体现、指导武术实践的重要依据，已成为武术文化研究不可或缺的环节。拳理研究双管齐下。一方面由具体拳种入手，研究太极拳的松、柔、悟、双重（沉）②、身心合一及基本技法③，形意拳整体性发力原理、④ 心与意的关联、身体要求⑤，少林拳"由禅入拳、由拳入禅"的理念，⑥ 通背拳仿生学倾向，⑦ 截拳道守中用中原则⑧，鞭

---

① 周惠新、罗沅洲：《中国村落武术变迁的文化人类学分析——以湖南梅山武术为例》，《湖南人文科技学院学报》2015 年第 6 期，第 27～32 页。
② 吴文翰、梅墨生：《"双重"和"双沉"之别》，《中华武术》2015 年第 1 期，第 46～47 页。
③ 谢远基：《关于太极拳掤劲之研究》，《少林与太极》2015 年第 5 期，第 28～31 页。
④ 孙秀娟：《形意拳浑圆力的文化研究》，上海体育学院硕士学位论文，2015；蔡传喜、周锐、汤立许等：《传统思维方式视角下武术发力原理探究——以宋氏形意拳和陈氏太极拳为例》，《搏击·武术科学》2015 年第 7 期，第 36～38 页。
⑤ 曹龚、品帅：《形意拳"七位"要领》，《武当》2015 年第 7 期，第 35～35 页。
⑥ 宋永博：《少林拳"拳禅合一"的文化学阐释》，上海体育学院硕士学位论文，2015；潘霜喜：《禅拳合一的古少林搏击拳法》，《少林与太极》2015 年第 7 期，第 21 页。
⑦ 赵海涛：《洪洞通背拳的仿生学研究》，《搏击·武术科学》2015 年第 2 期，第 61～63 页。
⑧ 李小龙：《李小龙基本中国拳法：自卫的哲学艺术》，北京联合出版公司，2016。

杆拳理的演进①等。另一方面从整体出发认为，拳势/拳路二元结构构成拳种单位，桩功（功法）是武术之基，尚圆是中国武术技击之奥，劲力是武学技理之核心，体悟是武学进阶的必由之路，"拳之味"是理解武术"技击原理"与"文化本真"、"技术外展"到"精神超越"文化生产的体认路径②，身心双修是中国武术的亘古命题，文化传统及其哲学思辨是武术拳理之根脉，并指出"在拳种文化生态中，以逆向工程之思路寻其某拳种的逻辑起点，以此考察其理生成、发展、定型"的研究新思路。③

2. 技术文化研究

武术技术文化研究主要集中于"标准化、差异化、异化"三个层面，三者的源点具有相通性，均以推进中国武术传承和发展为宗旨。一是武术标准化研究，在形成"标准化是武术现代化、规模化以及国际化发展的要求，是各级学校普及推广武术的必由之路，事关国家文化安全"的认识后指出，在对象上要"全面展开竞技武术技术标准化，建设传统武术技术体系的标准化"，在内容上要兼顾"概念、体系、术语、水平、框架④、礼仪⑤、信息编码⑥、

---

① 许辉：《门户视野下缠海鞭杆的文化生产研究》，上海体育学院硕士学位论文，2015。

② 金玉柱、张再林、王岗：《对"拳之味"的文化寻绎》，《体育学刊》2017年第3期，第24~29页。

③ 戴国斌：《文化自觉语境中武术研究的探索与思考》，《上海体育学院学报》2014年第5期，第67页。

④ 刘韬光、郭玉成：《武术术语标准化命名研究》，《体育科学》2016年第10期，第26~31页；郭玉成：《武术标准化研究的概念、方法和体系——基于标准化学科视域的基础理论构建》，《上海体育学院学报》2015年第1期，第56~61页；刘亚杰：《中国武术的标准化研究》，《第十届全国体育科学大会论文摘要汇编（二）》，2015，第1413~1414页。

⑤ 吴魏魏：《武术礼仪标准化必要性研究》，《武术研究》2016年第1期。

⑥ 张勇、郭玉成：《武术信息编码标准化研究》，《武汉体育学院学报》2015年第5期，第70~75页。

翻译①"。二是传统武术差异化研究，从两方面深化了"传统武术脱胎于军事武艺"② 的认识，一方面在散打以真实对手保留军事"真实的打"之时，武术以"拆招喂招的象征性对手、对练的虚假性对手、单练的想象性对手"在套路文化样式上形成了"审美的打、伦理的打"，升华了军事技击；另一方面以差异化作为策略，在创拳者形成不同于其他拳种的技击新范式后，经由授拳者和习拳者的创新教与学之接力，形成了武术千姿百态的拳种文化成果。三是武术技术异化研究，面对"竞技武术的同质化、去传统化的发展，套路、散打、单一技法的研究③"现状，人们认为异化不仅反映了文化融合④，还有引发文化迷失和认同危机的可能⑤，其研究应复归武术本真、关注拳种的技法研究。

3. 比较研究

比较研究既是武术文化研究的一个方法，也是一个不容忽视的研究领域。首先，比较法是由武术文化生态中差异化发生、发展拳种所决定。该法不仅可在与其对立或同盟的拳种的比较中权衡其文化个性，而且也可在其不同流派"共中异、异中同"的比较中深化流派研究，还可以此发现地域武术之间

---

① 张艳华：《武术英译标准化体系的构建研究》，武汉体育学院硕士学位论文，2015；张艳华、孙健、杨绍勇：《"武术"一词英译名称标准化研究》，载《第十届全国体育科学大会论文摘要汇编（三）》，2015，第 1353～1354 页。

② Lin B，Zhou P. "A Historical Reconsideration on Taozi, a Form of Martial Arts Training in Ancient China", *Fruit Processing Journal for the Fruit Processing & Juice Producing European & Overseas Industry* 23（2015）：106–108.

③ 李彦：《武术散打项目重量级拳手拳法技术分析》，《现代交际》2015 年第 4 期，第 100～100 页；方超：《武术竞赛新规则下散打摔法技术的发展趋势》，《武术研究》2016 年第 2 期。

④ 李凤芝、朱云、刘玉：《中华武术国际传播的归化与异化》，《上海体育学院学报》2015 年第 1 期，第 67～71 页；李凤芝、朱云、刘玉等：《中华武术文化传承中的归化与异化现象解析》，《内蒙古农业大学学报》（社会科学版）2015 年第 2 期，第 120～123 页；李凤芝、朱云、刘玉等：《对我国武术文化国际传播中归化与异化问题的研究》，《武汉体育学院学报》2015 年第 10 期，第 56～61 页。

⑤ 张扬：《浅析中国传统武术与现代竞技体育文化的冲突》，《体育世界：学术版》2015 年第 4 期，第 54～56 页；武俊昊、王国志：《对中国武术社会化传播的重新审视与思考》，《山东体育科技》2015 年第 6 期，第 10～14 页。

的"异中之同"与"同中之异"。其次，比较法不仅可分析不同民族武技的文化特征，如中国武术与西方体育存有"娱己性/娱他性、内倾性/张扬性、平衡性/整合性、重感性/重理性"之分，① 中泰武技具有"简单与复杂、暴力与仁和"之异，② 武术套路与跆拳道品势有着"繁/简、难/易、表演程度浅/深"之别，③ 而且比较法也是发展道路借鉴的手段，通过意拳与截拳道比较，得出"武术发展应立足技击性与文化性两个抓手"的结论，④ 参考空手道为武术入奥提出"打练并举、简约规范套路、重视礼仪、赛事丰富有趣"的建议，⑤ 由日韩武技段位指出中国武术段位之实施需突出"拳种"意识、提升武德意识、强化日常化意识等⑥。再次，比较法不仅是群体特征分析的工具，如明清兵家视武术为工具而重其用，同期民间武术家则视武术为人生而重其理；⑦ 而且比较法还有古今对比后的以古思今之谋。相比古代武举制，时下武术单独招生的制度与社会需求不匹配，⑧ 与专业设置相脱节⑨。

---

① 安东尼：《中西摔跤跨文化比较研究》，上海体育学院博士学位论文，2016；刘帅兵：《从精神文化视角再论中国武术与西方体育的差异性》，《四川体育科学》2015 年第 1 期，第 30~33 页。

② 白蓝：《中泰武术文化比较及泰拳国际化的启示》，《体育学刊》2015 年第 4 期，第 132~134 页；徐立宏、郑昊、熊亚兵：《中泰武术文化比较研究——以武术泰拳国际市场化为例》，《武术研究》2016 年第 3 期。

③ 刘莉新：《武术套路与跆拳道品势的比较研究》，《新疆师范大学学报：自然科学版》2015 年第 3 期，第 82~86 页。

④ 朱保荣：《意拳与截拳道的比较研究》，《中华武术·研究》2016 年第 2 期。

⑤ 郑旭旭、袁镇澜：《从空手道入奥历程再论中国武术走向》，《中华武术·研究》2016 年第 10 期，第 13~26 页。

⑥ 李守培、郭玉成：《中国武术与日本空手道、韩国跆拳道段位制标准化水平比较研究》，《体育科学》2015 年第 8 期，第 86~91 页；位胜辉：《跆拳道段位制对中国武术段位制发展的启示》，成都体育学院硕士学位论文，2015。

⑦ 徐烈、丁丽萍：《明清兵家与民间武术研究特征之比较》，《首都体育学院学报》2015 年第 1 期，第 17~22 页。

⑧ 梁仁春、庄长宽：《社会学视角下古代武举制度和高校武术单招制度比较研究》，《中华武术·研究》2015 年第 5 期。

⑨ Guo Z, Yang J, Liu S. "The CurriculumTeaching Reform and Practice about IWushu Routineg of Martial Arts and the Traditional National Sports Major in Colleges and Universities of Jishou University", *International Conference on Electronic, Mechanical, Information and Management Society* 2016.

（三）美学特征研究

武术美学是其内在生命力的体现，是以武术为主体研究美、美感和艺术的一般规律的学问。早期人们对武术美的关注较多集中在武术项目内容美学表现、武术美学特征、武术美学形式、武术美学源点、武术与美学关系等方面，形成了"其和谐美，为'运动节奏的韵律美、体例样式的工行绵醉美、美学境界的写意美、美学追求的情景合一美'的集合"之认知。在经历起步期（1949～1978 年）、缓慢发展期（1979～2003 年）和快速发展期（2004 年至今）① 之后，近年的武术美学研究主要集中于武术美学理论的探讨、拳种美学特征的归纳、武术影视美学的分析等方面。

1. 武术美学理论

武术美，一方面以其"生存方式的和合美、打与不打的崇德美、内与外统一的形神美、内化文明的含蓄美、内生化育教化美"等"解构了暴力"，并将武术暴力美学导向为"以人为本的生命关怀"；另一方面从崇尚和谐的生态文化出发，以"韵、气、趣、意"为表现形式，将"线性之美"分配以"节奏"，升华为"势"，呈现为"意向"，保持以"张力"，而以"程式化美感"给人以"和"的审美体验。总之，武术美是一种可意会不可言传的感知、体知之境，有别于西方的写实意境而表现为写意文化特征。

2. 拳种美学特征

在拳种美学研究中，首先人们从运动方式中归纳其美学特征，如以

---

① 李富刚：《中华武术美学研究的历史演进及其未来展望》，《西安体育学院学报》2015 年第 3 期，第 326～334 页。

"慢动缓练，轻动柔练，心动意练"运动方式所表达的太极拳"中和美"、太极扇儒雅美，八极拳的质朴美，劈挂拳的流畅，以及中国武术艺术特征的"程式化"归纳①和源于中国上古英雄神话的追认②。其次，人们分析了拳系的美学特征，如象形拳的仿生美，竞技武术的定势美、动态美、结构美。再次，人们从机制上分析拳种美的原因，多元的"有意改造"与传承者不同的审美需求结合，编创与再创出多元的审美风格③。最后，武术的翻译美应以"信达雅美"为目标，以"形似与神似、直译与意译"的统一为原则，最大限度地关联武术文本的交际意图与译文读者的交际期盼，力争翻译的"传意性、可接受性、本土化"。具体说来，以音译翻译拳名，以直译翻译拳势，综合运用"直译、释义、归化或加注"翻译拳理。④

3. 武术影视美学

随着武侠片作为中国电影的名片得到国际影视界的关注，武术影视作为武术审美的独立单元，现已成为武术美学的研究对象。首先，作为文艺创造的最大"人物"，其"由侠到武""武与侠合称"的历史，是以西周士人一族为生活原型对春秋以后文武人格分裂症的愈合。⑤其次，中国武术影视经历了20世纪二三十年代的神怪武侠片、五六十年代的粤语武侠片、六七十年代香港和台湾的国语武侠片、八九十年代的香港武侠片、21

---

① 吴松、蔡利敏、王岗：《"程式化"：中国武术艺术特征之研究》，《北京体育大学学报》2017年第3期，第134～138页。
② 孙刚：《从英雄神话视域探索中国武术精神的审美文化源头》，《北京体育大学学报》2017年第5期，第138～145页。
③ 马文友：《从美学视域解析中国武术套路的拳种纷呈现象》，《成都体育学院学报》2017年第1期，第63页。
④ 谢应喜：《武术翻译初探》，《中国翻译》2008年第1期，第61～64页。
⑤ 戴国斌：《文艺生产的武侠人格》，载上海市社会科学界联合会编《中国的立场：现代化与社会主义》，上海人民出版社，2009，第62～69页。

世纪由俗而雅创作浪潮的五次转向。① 最后，因中国武术"从制人到制己"的伦理化、"从现实到理想"的理想化发展，以及武术最终成为涵养道德的手段、展示技击美的窗口，而使武术具有以教化将暴力美学化的特征。② 其中，武术的教化特征使武术影视散发着伦理色彩，借助"拳之力"表达拼搏精神与寻找母题，中国武术影视美学则通过"武之舞"表达侠义精神与民族主义情绪。③ 此外，武术舞美在武术影视中尽显天人合一与形神一体的境界之美，在武道中彰显人道的内蕴之美、二元要素对立转化的辨证之美。④

二　非遗文化研究

自我国 2004 年加入《保护非物质文化遗产公约》、2006 年公布首批国家级武术非物质文化遗产（以下简称"武术非遗"）名录以来，武术非遗成为学界持续关注的研究对象。近年来，学界围绕"非遗主体、非遗本体、非遗传承"等展开讨论，以期解决武术非遗传承与保护中所遇到的"保护哪些内容、怎么保护、如何传承"等现实问题。

（一）非遗主体研究

基于对"人亡技绝"的担忧和继承人认定的门户内部矛盾，传承人作为武术非遗的主体成为关注的焦点。目前武术非遗主体的研究，主要集

---

① 赵乃钰：《武侠电影的美学转向》，《美与时代（下）》2016 年第 2 期，第 105～107 页。
② Wedderburn. Eve，"Violence in Martial Arts Actor Training"，*Performance Research* 21 (2016)：84–91.
③ 黄兵：《新世纪中泰动作电影比较论》，《北京电影学院学报》2016 年第 5 期。
④ 张蕾：《中国传统武侠电影中的动作美学》，《电影文学》2016 年第 20 期，第 35～37 页。

中于"传承人界定、保护与管理"的探讨。

1. 传承人界定的研究

在传承人界定上，传统武术传承模式在现代化发展中出现的"血缘的分化、业缘的泛化、地缘的异化"以及三者的共时性存在，造成了门户传承人的复杂性，传统师徒关系式微。① 2008 年 6 月国务院在《国家级非物质文化遗产项目代表性传承人认定与管理暂行办法》（以下简称《非遗传承人暂行办法》）中明确了应"具有代表性、权威性与影响力"的标准，学界提出了基于师徒关系的"自然人"②、基于武艺水平的"技术能人"③、基于社会活动的"公众能人"④、基于中国武术话语的"儿子与弟子"和"三千弟子与七十二贤人"⑤ 等人员，区分为"社会传承人、家族传承人、行业传承人以及学校教育传承人""内源性传承人（置身于武艺传承）、外源性传承人（贡献于武艺传承）"⑥ 等类型，在性质上他们是具有某种特定武术身心模式的人。

2. 传承人保护的研究

2006 年 10 月，文化部出台了《国家级非物质文化遗产保护与管理暂行办法》，2008 年出台了《非遗传承人暂行办法》，明确了对传承人提供

---

① 张勇：《传统武术师徒传承的困境与转型研究》，《石家庄学院学报》2016 年第 3 期，第 111～113 页。

② 唐芒果、于翠兰、孙永武、张松年：《武术非物质文化遗产传承人保护模式研究》，《南京体育学院学报》（自然科学版）2014 年第 12 期，第 24～26 页。

③ 牛爱军、虞定海：《非物质文化遗产保护视野下的传统武术传承制度研究》，《体育文化导刊》，2007 年第 4 期，第 21 页。

④ 王岗、吴志强：《民间传统武术保护中国家与传承人的双向责任》，《天津体育学院学报》2010 年第 3 期，第 233 页；花家涛：《民族民间体育的空间生产——以彝族摔跤为个案》，上海体育学院博士学位论文，2014，第 108～120 页。

⑤ 戴国斌：《中国武术传播三题：文化史视角》，《上海体育学院学报》2016 年第 3 期，第 57、59 页。

⑥ 王玉娟：《非物质文化遗产传承人的作用影响研究——以民族旅游村寨为例》，昆明理工大学硕士学位论文，2013，第 14 页。

资金、空间、实物、宣传等方面资助，配套以项目规范、目标备案、活动多元、定期汇报等管理措施。学者们认为，应以"自然属性（生存条件、健康状况）和社会属性（师徒关系、群众基础、传承基地、技术记忆）并重"的保护原则①，积极为传承人"建档立卡"、建立信息库②，着力搭设"传承基地、传习所、专题博物馆"等平台③。

3. 传承人管理的研究

武术门户"谨慎收徒"的态度，在现代中国对武术人才工业化批量生产的期待中成为现代武术发展的声讨对象。传统武术传承人主体性弱化、技艺传承低效性固化等现状，不适应现代流水线、批量化、标准化等生产理念；④ 基于"拟家长制"的主观性、单一性等弊端，国家颁布了《非遗传承人暂行办法》，形成了官方和民间二元化的传承人评定体系。⑤但现行"公民申请、群众推荐、政府认定"等制度或流程，引发文化资本争夺，加快了拳种异化的速度。为此，一些学者提出，应以形成精细化、科学化管理机制为目标，完善监管机制，建立退出机制，构建"国家标准（标准化、时代化、价值导向）、学术规范（科学化、知识性、创新性）、社会需求（多样性、平等性、合作性）"的立体化模式，建立统一的申报系统、评审系统、查询系统。

---

① 张志雷：《非物质文化遗产视角下传统武术代表性传承人研究》，《中国体育科技》2014年第4期，第60~61页。
② 戴旸、叶鹏：《我国非物质文化遗产传承人建档探索》，《中国档案》2016年第6期，第68页。
③ 李荣启：《对非遗传承人保护及传承机制建设的思考》，《中国文化研究》2016年第2期，第23~25页。
④ 郭玉成：《武术标准化研究的概念、方法和体系——基于标准化学科视域的基础理论构建》，《上海体育学院学报》2015年第1期，第56~61页。
⑤ 周超：《中日非物质文化遗产传承人认定制度比较研究》，《民族艺术》2009年第2期，第14页。

（二）非遗本体研究

当前人们对非遗本体的研究主要涉及非遗本真性、非遗生态、非物质与物质文化遗产关系等内容。

1. 本真性研究

作为考察、确认、评估、保护、传承和监控非遗的一项基本原则，武术非遗的本真性强调的是拳种独特的个性。面对非遗成为名利"角斗场"而出现"伪本真性""去本真性"的趋势，将"异化武术"列为非遗项目的现实①，以及其现代转型后出现的"传承意思的不对称、家族传承的垄断、非遗精神内核的忽视"等问题②，武术非遗应回到非遗发生发展的日常生活之场域、凸显非遗主体的创造性，在传统武术"创拳者武术技击范式的创新、授拳者创新教学、习拳者创新学习"的文化传承链中推进其文化转换、实现其保护与传承，真正将武术非遗当成活在过去、当下与未来的"活态文化"和"活化石"。

2. 生态研究

非遗生态研究借鉴环境生态、文化生态等相关成果，希冀协调传承人、评审专家、研究人员和管理人员多方力量，从传承人、大众、自然环境、人文社会环境等多方面入手构建武术非遗保护和传承机制，将具有"自然、社会、文化"的外生态和"技术、世俗、价值"的内生态的习武共同体作为保护对象，在武术非遗研究引用"原生态"概念中存在的两种观念：一种是还原主义、复古主义，期望再造武术非遗历史场景，达到

---

① 周伟良：《竞技武术"非遗保护"的法理质疑》，《社会科学论坛》2016 年第 6 期，第 117～126 页。
② 汤立许：《岳家拳传承治理的特征、问题与路径》，《体育学刊》2017 年第 1 期，第 37～41 页。

保护的目标；一种是进化论、适应论，期望在创新中适应生态变迁，达到传承的目的。①

3. 非物质与物质文化遗产关系研究

作为文化遗产的两个重要组成部分，物质与非物质遗产的关系成为非遗研究的对象。由"物质"到"非物质"，或者说"有形"至"无形"的思考，可深化武术非遗的认知。正所谓"君子役物，小人役于物"（《荀子·修身》），善于把握"物"的规律，在"役物""格物"过程中重审武术非遗本体，可克服当下非物质文化遗产话语中存在的现代性"扬人抑物"之弊，冷静反思传统武术对待武术非遗"人与物"的历史经验。如在中国"格物致知"语境中形成的"格拳致知"传统，正是当下武术非遗本体发展理应继承与发扬的弥足珍贵的文化遗产。②

（三）非遗传承研究

目前武术非遗传承研究大致可分为非遗传播与发展、非遗立法与保护两大内容。

1. 传播与发展研究

武术非遗的文化传播与发展研究，在梳理"重保护轻传承，静态保护有余、活态传承乏力，对传承良好与濒危武术非遗政策过于一致"③

---

① 汤立许：《"非遗"语境下传统武术发展的新特征及其现实窘境》，载中国体育科学大会《2015年第十届全国体育科学大会论文摘要（一）》，2015，第1507～1508页。
② 戴国斌：《中国武术教育"格拳致知"的遗产》，《体育学刊》2017年第3期，第16～23页。
③ 范铜钢、虞定海：《传统武术传承现状、问题与对策研究——基于非物质文化遗产视角》，《南京体育学院学报》（社会科学版）2015年第1期，第27～31页。

"制度日渐完善，生态日趋破坏；学术百家争鸣，可取建树不足"① 等问题之后，人们一方面从策略层面提出"拓展传播空间、融入教育场域"等武术非遗传承新思路，以及"市场化发展、产业化促进、休闲旅游带动、网络化推广、信息化评价、互联网＋思路"等武术非遗发展新路径，另一方面从文化遗产角度整理了传统武术文化传承"面对三千弟子为师以言传身教方式形成的普通传播学，弟子体现的文化继承，武术传播出现的即时效应；面对七十二贤人为师以心传方式形成的高级传播学，弟子体现的文化创新，武术传播产生的长远影响"等不同类型弟子不同武术传承的历史经验②；从文化记忆的角度看，武术文化传承是记忆的过程，某种程度上也可谓"传承即记忆，记忆即传承"③；从布迪厄的惯习来看，武术非物质文化遗产是一套独特的身心特征的文化实践系统，武术非物质文化遗产传承人是具有此独特身体与灵魂的人，武术非物质文化遗产的保护与传承应是其独特身心特征的形成、传播的过程，武术非物质文化遗产发展规律则是某种独特身心特征形成与发展的规律④。

2. 立法与保护研究

虽然我国先后出台了《中华人民共和国民族民间文化保护法草案》（2003 年）、《国家级非物质文化遗产保护与管理暂行办法》（2006 年）、《国家级非物质文化遗产项目代表性传承人认定与管理暂行办法》（2008 年）、《中华人民共和国非物质文化遗产法》（2011 年）、《关于加强非物

---

① 范铜钢、郭玉成：《论武术文化传承的层次空间、时代困境与未来走向》，《成都体育学院学报》2016 年第 1 期，第 55～60 页。
② 戴国斌：《中国武术传播三题：文化史视角》，《上海体育学院学报》2016 年第 3 期，第 59～60 页。
③ 闫斌：《乡土武术的历史记忆与文化传承》，北京体育大学博士学位论文，2017。
④ 陈双：《形意拳的身体与灵魂：一项惯习研究》，上海体育学院硕士学位论文，2017。

质文化遗产生产性保护的指导意见》（2012 年）等一系列非遗相关文件，2005 年 3 月 26 日正式加入《保护非物质文化遗产公约》，但由于我国非遗的立法工作总体而言尚处于"起步较晚、建设不足、经验缺乏"阶段，以及非遗现代性和文化多样性，现行政策法规难以实现非遗"真实性""传承性""整体性"的保护，其正当性受到质疑，需从推进公法与私法的契合[①]、提高非物质遗产法与刑法的整体协调适用等入手，提升武术非遗保护与发展工作效能[②]。

三　复合文化研究

近年来，在将武术视为诸文化复合体之后，人们以新视角、新方法对武术的内涵外延、武术思想、拳社组织等进行了探索。

（一）武术内涵外延研究

武术是极具东方韵味的文化现象，人们从"武术本质（定义）"深化了武术文化内涵的探究、从"武术与传统文化和武术价值功能"拓展了武术文化外延的分析，并使武术本质（定义）、武术与传统文化和武术价值功能的研究成为学界争鸣不断的热点话题，积淀为武术研究的学术传统。

1. 本质（定义）研究

武术本质（定义）是开展武术研究的逻辑起点。武术的本质（定义）

[①] 崔艳峰：《非物质文化遗产公法与私法保护的契合》，《重庆工商大学学报》（社会科学版）2016 年第 2 期，第 106～112 页。

[②] 吕天奇：《非物质文化遗产的刑法保护问题研究》，《西南民族大学学报》（人文社科版）2015 年第 11 期，第 96～101 页；张磊、吴安新：《非物质文化遗产刑法保护路径分析——解读〈非物质文化遗产法〉第 42 条》，《法制博览》2015 年第 6 期。

研究，首先在"技击本质论"基础上形成了"道本质论""多层次本质论""对手本质论""文化本质论""生命本质论"等说法，这说明造成武术本质悬而未决的原因是多方面的。一方面它是人们对"击""舞"认知水平的反映，另一方面武术异化、竞赛规则等是影响本质把握的重要因素，武术内涵和外延模糊的厘定造成了本质认知的迷雾，以不同历史时期武术所呈现的主流功能来界定武术本质是武术本质争论不休的症结所在。① 其次，武术定义（概念）自近代以来，大致经历了近代的身体工具论、新中国成立至改革开放的运动项目论、21 世纪以来的文化论等的变迁，表现出社会进化论的特征。对武术概念界定困境的认知，学界形成了对象悬置论②、本质模糊论③、社会需求论④等观点。针对武术概念的动态性，在研究思路上人们提出了"立足身体维度，区分文化的武术和武术的文化，增强媒体宣传意识，构建国际化译介标准"等设想，在具体研究上从中观层面对少林武术⑤、太极拳⑥、回族武术⑦、武当武术⑧等定义（概念）进行了新解读。最后，悬而未决的"武术本质（定义）"一方面反映武术研究的勃勃生机，另一方面也成为武术研究得以不断推进的发展动力。对此，有人认为武术的本质与定义应从"套路、散打、功法"文化样式同类项的提取出发，根据散打"真实的对手"、功法"体能的对

---

① 王占涛：《论武术的本质与历史流变》，《武术研究》2016 年第 7 期。

② 张江华、宿继光、刘定一：《对象失范：武术概念争议的困局》，《成都体育学院学报》2016 年第 2 期，第 62 ~ 68 页。

③ 谢群喜：《武术概念演进过程的逻辑分析》，《搏击·武术科学》2015 年第 8 期，第 9 ~ 12 页；谢群喜：《武术概念的历史演进与定义》，《河北体育学院学报》2016 年第 1 期，第 84 ~ 88 页。

④ 毛旺、张开娟：《社会学视角下武术概念变迁研究》，《中华武术·研究》2016 年第 2 期。

⑤ 孙凯文：《少林武术的概念研究初探》，《科技展望》2015 年第 20 期。

⑥ 吕艳琼：《太极拳流派的演变研究》，山西师范大学硕士学位论文，2015。

⑦ 王明阳：《沧州回族武术文化的研究》，河北师范大学硕士学位论文，2015。

⑧ 时保平：《武当武术研究》，《体育文化导刊》2015 年第 4 期，第 83 ~ 86 页。

手"、套路"对练的虚假性对手、单练的想象性对手",将武术的本质定位为对手的文化,将武术的定义概括为"对手的文化复合体"。①

2. 武术与传统文化研究

武术与传统文化犹如鱼水关系,一方面是武术对传统哲学、儒、道、佛、兵、医等文化精髓的吸纳、融合,另一方面是武术以此构成人文景观、形成主体性表达诉求。第一,受传统哲学精神影响,武术文化实践不仅在技法表现上立足阴—阳、虚—实、动—静等身体展演,在拳势上参照"水的哲学",而且在空间上秉持天人合一理念,在思维方式上形成了矛盾—和谐两元认知,最终彰显了理性自觉,构建新型的生命进化模式。第二,对儒家思想的吸收虽然一定程度上消解了尚武文化,开创了秦汉以来的"无兵文化"②,但从积极意义看,其在复制宗族理念形成武术共同体的同时③,也将武术的身体修炼转变为真、善、美人格形塑的过程,并将"始于德、成于礼、终于仁"的习武路径④形成了武术的伦理文化,天、地、人关系的伦理框架以及"心专身恒、体悟互成、形质神用、阴阳相济、身心和合"的伦理特征⑤,养成守中、用中等中庸运动理念,促进了德艺一体的侠义文化生产。第三,道家"道法自然、大道无形、道者反之动"等思想,不仅影响武术技击方法、战略战术、武术理念、养生技术、进阶程序与仪式,也使学拳成为求道、体道的过

---

① 戴国斌:《武术对手的文化》,《上海体育学院学报》2006年第5期,第65~70页;戴国斌:《武术是什么?》,http://k.yiban.cn/index.php? c=course&a=detail&h=1448。

② 路云亭:《儒家伦理对中国人尚武精神遏制的价值再议》,《武术研究》2016年第11期,第1~6页。

③ 戴国斌:《中国武术传播三题:文化史视角》,《上海体育学院学报》2016年第3期,第56~61页。

④ 张昊:《儒家思想对中国武术礼仪文化影响》,《卷宗》2016年第2期。

⑤ 李守培、郭玉成:《中国传统武术身心伦理的文化形成》,《体育科学》2017年第4期,第39~47页。

程。换言之，道家修真文化和隐逸文化促进了武术"道德直觉、本能体悟"的文化实践方式。第四，释家禅修解脱的意识和修行模式等，不仅在拳种上产生了少林拳，在锻炼上树立了"易骨、易精、易髓"之目标和"体悟"之路径，而且也以"禅武合一"① 方式为武术确立了新的境界。第五，武术对中国医学的汲取，发展出武术点穴②等新技术以及武术伤科③、少林医药学④等新科目，促进了武术理论的建设，形成了动养观、气养观、内养观、调养观等观念以及"精气神说""阴阳学说""脏腑阴阳均衡说"等学说，且有"拳起于易，理成于医"之说。第六，因与兵家的同源、交流⑤以及吸收⑥关系，一方面，军事著述被列为武学典范⑦，具有"正出而谲用、致人而不致于人、谨养而治气、因敌而制胜、以弱胜强"⑧等共同追求，另一方面将军事实践作为武术文化生产的源泉，有"脱枪成拳"之说，以及岳飞等将帅之才与形意拳⑨等拳种创始人之关联。

----

① 刘广凯：《论少林"禅武合一"的文化渊源》，北京体育大学硕士学位论文，2016。
② 武兵、武冬：《点穴功功理揭秘》，《武当》2009 年第 10 期，第 9～10 页。
③ 孙达武、孙绍裘：《略述武术与伤科的历史渊源》，《中医药导报》2015 年第 8 期，第 1～3 页；张耀红、侯乐荣：《郑怀贤"武医结合"伤科学术思想的整理与思考》，《成都体育学院学报》2016 年第 2 期，第 98～102 页。
④ 周华：《少林医药发展史研究》，北京中医药大学硕士学位论文，2016。
⑤ 旷文楠：《兵家与武术的同源与交流——兵家与武术文化论之一》，《体育文化导刊》1990 年第 2 期，第 29～32 页。
⑥ 徐烈、丁丽萍：《明清兵家与民间武术研究特征之比较》，《首都体育学院学报》2015 年第 1 期，第 17～22 页。
⑦ 牛聪伟、梁小娟：《从〈纪效新书〉中引发对武术攻防意识的思考》，《搏击·武术科学》2015 年第 6 期，第 35～37 页。
⑧ 乔凤杰：《正出而谲用——"武术与兵家"研究之一》，《广州体育学院学报》2006 年第 3 期，第 79～81 页；乔凤杰：《致人而不致于人——"武术与兵家"研究之三》，《广州体育学院学报》2006 年第 5 期，第 100～103 页；乔凤杰：《谨养而治气——"武术与兵家"研究之二》，《广州体育学院学报》2006 年第 4 期，第 81～84 页；乔凤杰：《因敌而制胜——"武术与兵家"研究之四》，《广州体育学院学报》2006 年第 6 期，第 101～104 页。
⑨ 周伟良：《中国古代武术史话之二十一情忠报国的岳飞》，《中华武术》2015 年第 9 期，第 28 页。

（二）武术思想研究

武术思想是武术历史发展重要的文化成果，是武术发展成熟的重要标志。近年来，人们尝试运用思想史研究之方法从宏观的"武术思想、某时段武术思想"和微观的"某人武术思想、拳种武术思想"等方面开启了武术思想研究。

1. 宏观研究

在宏观武术思想研究的新探索中，一方面人们从其伦理思想、美学思想分析武术思想。在武术伦理思想研究中，人们研究了武术伦理思想的表现①与其"从制人到制己"的发展过程；②在武术美学思想研究中，人们分析了武术美学思想的内容③、"从现实到理想"的过程④以及"创拳者—授拳者—习拳者"身体新体验链的生产机制⑤；另外，还有人从武术思想与文化生态的关系出发分析了武术思想的形成与发展⑥，以及武术养生思想⑦。另一方面，人们选择武术发展的某时段进行了研究。在武术发展时段的选择中，人们多集中于武术的现代化发展，有人从价值取向分析了近代以来武术思想的转型⑧，有人提出并运用概念史方法分析了近代武

---

① 杨洋：《中华武术伦理精神和中华魂的塑造》，中共中央党校博士学位论文，2016；张鹏：《中国武术人学思想探析》，苏州大学硕士学位论文，2015。

② 戴国斌：《武术：身体的文化》，人民体育出版社，2011，第314~404页。

③ 陆小黑：《中国武术精神要义研究》，苏州大学博士学位论文，2015。

④ 戴国斌：《武术：身体的文化》，人民体育出版社，2011，第405~441页。

⑤ 戴国斌：《中国武术的文化生产》，上海人民出版社，2015，第94~104页。

⑥ 温搏、王静、王旭景等：《中华武术核心思想流变及其文化生态成因》，《北京体育大学学报》2016年第6期，第51~56页。

⑦ 王姗：《传统武术养生思想之德行论——习武者，先习德》，《科教导刊：电子版》2016年第6期，第167页。

⑧ 刘祖辉：《中国近现代武术思想演变的阶段特征研究：价值取向的视角》，科学出版社，2015。

术思想史的设想①，也有人指出了明清武术思想"侠义、知行合一"的特征②。

2. 微观研究

在武术思想研究中，人们还从某人武术思想、拳种武术思想两方面开展了微观武术思想研究。首先，武术家武术思想成为研究对象，在先后形成孔子竞和思想③、戚继光实用主义武学理念④和军事武艺伦理⑤、颜元实用主义武医思想⑥、傅山儒释道医融合思想⑦、孙禄堂拳道合一武学思想⑧、向恺然拳术非功利化思想⑨、李小龙中和思想⑩等成果后，学界举办了当代武术家武术思想的研讨会，如上海体育学院的"2011 年传统武术

① 周延、戴国斌：《概念史与武术历史研究的新视野》，载中国体育科学学会武术与民族传统体育分会《2016 第五届申江国际武术学术论坛暨蔡龙云武术思想研讨会摘要汇编》，2016，第 23 页。

② 梁冲焱：《知行合一：明末清初武术发展思想动力研究》，中北大学硕士学位论文，2016；梁冲焱、王攀峰、刘定一等：《王阳明心学知行合一观对明清武术理论的影响》，《首都体育学院学报》2016 年第 3 期，第 235～239 页。

③ 张长念、陈兰、伍国忠：《孔子武学思想论略》，《北京体育大学学报》2015 年第 12 期，第 33～39 页。

④ 马斌、马兰：《从〈纪效新书〉看戚继光发展武术实用性思想与对策》，《当代体育科技》2015 年第 10 期，第 205～206 页。

⑤ 张长念：《戚继光武学思想的"儒道"与"释心"》，《首都体育学院学报》2015 年第 6 期，第 512～515 页；丁雪枫：《论戚继光的武德思想》，《伦理学研究》2015 年第 4 期，第 58～63 页。

⑥ 何玮琇：《傅山武学思想研究》，中北大学硕士学位论文，2015。

⑦ 尤培建、戴国斌：《试论颜元的武医思想》，《体育文化导刊》2015 年第 8 期，第 184～187 页。

⑧ 孙玉奎：《拳道得一以成》，《中华武术》2016 年第 5 期，第 68 页；童旭东：《孙氏武学大旨——复人本然之性体》，《武当》2015 年第 10 期，第 56 页；童旭东：《〈形意拳学〉——中华武学发展的里程碑——纪念〈形意拳学〉公开出版 100 周年》，《武当》2015 年第 9 期，第 49～51 页。

⑨ 毛佳：《民国时期平江向恺然武术理论、武术思想研究》，《中华武术·研究》2016 年第 4 期，第 6～13 页。

⑩ 李小龙：《李小龙基本中国拳法：自卫的哲学艺术》，北京联合出版公司，2016；苏静：《知中·再认识李小龙》，中信出版社，2016；梦泽：《武道，一指望月的哲思》，《今古传奇·武侠版》2015 年第 1 期，第 6～9 页；陌上翁：《截拳道与人生》，北京方舟阅读科技有限公司，2016。

传承与发展暨蔡龙云武术思想研讨会""2016 第五届申江国际武术学术论坛暨蔡龙云武术思想研讨会""2016 年张之江武学思想研讨会"，北京体育大学的"张文广先生武术教育思想研讨会（2015）"和"门惠丰武术思想研讨会（2016）"、成都体育学院的"郑怀贤武学思想研讨会"（2016），并整理蔡龙云的"武术击舞发展道路"和"工行醉别绵等文化样式"等武术思想①、张之江武术现代化体育化思想②、张文广现代武术教育思想③、郑怀贤武医结合思想④、门惠丰打练结合和术道并重思想⑤。其次，人们开始将拳种武术思想作为研究对象，形成如少林拳禅合一的禅宗武学思想⑥、回族武术重击轻舞的技击思想⑦等初步成果。

（三）武术组织研究

作为武术发展阵地，武术组织以独特的目标、集合方式体现其文化特征，成为文化研究的内容之一。在近年武术文化研究中，人们从传统的门户和现代的组织视角研究了传统武术的组织文化特征和现代武术的组织化发展。

---

① 邱丕相、郭玉成：《丹心精论高岸深谷——漫谈武术泰斗蔡龙云先生对中国武术的贡献》，《上海体育学院学报》2016 年第 1 期，第 1～3 页；王培锟、曾美英：《试论蔡龙云武术思想——勇破陋俗、引领创新》，《中华武术》2016 年第 1 期，第 18～20 页。
② 陈博影：《从词项逻辑的角度判断"张之江命题"的真伪》，福建师范大学硕士学位论文，2015；李淑娟：《张之江对体育发展的贡献初探》，《兰台世界》2015 年第 1 期，第 18～19 页。
③ 位慧娣：《张文广武术教育思想研究》，北京体育大学硕士学位论文，2015。
④ 张耀红、侯乐荣等：《郑怀贤"武医结合"伤科学术思想的整理与思考》，《成都体育学院学报》2016 年第 2 期，第 98～102 页。
⑤ 小新：《传承武术国粹弘扬民族文化——记 2016 武术发展论坛暨门惠丰教授武术思想研讨会》，《中华武术》2016 年第 6 期，第 22～23 页。
⑥ 张纬国：《禅宗视域下少林武术"禅武合一"思想的义理探析》，《武术研究》2016 年第 1 期，第 56～58 页。
⑦ 马景卫：《宗教与武术技艺的融通：回族武术的渊源、表征与传承》，《体育与科学》2015 年第 6 期，第 58～62、67 页。

1. 武术门户研究

近代来，因"社会精英'强国强种'公开武术的需要与门户武术'秘不传人'传统的冲突，社会精英对武术人才工业化批量生产的期待与传统武术'谨慎收徒'生产方式的矛盾"，门户成为备受争议的对象。在认识到"门户之见"批判是第三方对小群体思想的不认可，并不符合中国武术百花齐放、百家争鸣的发展与繁荣，开始正视门户"作为认识武术的桥梁、理解武术的窗口、推广武术的载体、武术发展的阵地、武术繁荣的景观、武术的组织、武术人的家"等不可否认的价值之后，人们从两方面展开了对门户组织的研究。

一方面，首先，作为由某一武术技术授受、武术技击方式生产与消费所组成的武术共同体，门户以差异化竞争之策略，从技术方式的对立面探索、为不同消费对象的量身定做形成独特的身体语言学，组成千姿百态的拳种。其次，以创拳者武术技击方式的新系统——授拳者"我教的是我这一套"的创新教学、习拳者"形成自己的东西"的创新学习，形成了武术身体新体验的生产链，以"一人独创与集体生产、独学一门与游学他师"作为武术身体新体验的生产方式①。另一方面，作为武术最基本单位，门户复制了家族文化，不仅承担了武术人的社会管理，促进了"武术人与社会人"的同步发展，推进了武术的社会化发展，而且融入生活日常、置身"集市、庙会、节庆"等场域，彰显武术门户的日常逻辑和生存样态，或与民间宗教互动，以武术"礼治"和神圣的运作进行社会动员②。当然，武术秘密结社组织在推动武术普及与传播、催生门派形

---

① 戴国斌：《中国武术的文化生产》，上海人民出版社，2015，第82~98页。
② 张士闪：《民间武术的"礼治"传统及神圣运作——冀南广宗乡村地区梅花拳文场考察》，《民俗研究》2015年第6期，第38~47页。

成、促进内外功法完善的同时也残留有待清除的封建糟粕①。

2. 武术组织研究

近代以来，武术组织在汇聚不同门户参与现代中国建设中完成了现代化转型，具有公开性、公众性、革命性。首先，武术组织成为社会精英培养革命力量、投身革命活动的重要载体。如精武会在革命党人推翻清政府的政治革命中成立②那样，一大批武术社会组织在国难时局中如雨后春笋般出现③。其次，武术组织成为社会精英改造国民身体的阵地。如精武会在革命党后由商人以乡缘为纽带、以全民族长存的尚武为认同构建了跨地区、跨领域、跨阶层的多条社会关系互动交织的社会网络，成为当时第一大民间体育团体④，同时中央国术馆探索了武术组织的"民办公助"模式⑤。最后，武术组织在肩负社会公共服务职能的同时，培养了武术师资，普及了武术，再造了尚武传统，推进了现代武术的体育化转型。

现代武术组织，不仅以国家体委运动司的武术科、武术处、中国武术协会、中国武术研究院、武术运动管理中心构建了领导中国武术发展的新型组织，而且肩负起"增强人民体质"的政治使命，以"规范技术、创编新型套路、构建身体训练新系统、制定竞赛规则、组建一条龙训练系统"等竞技化发展、"创编简化太极拳、推进武术段位制"等健身化发展、"发掘整理武术遗产、武术非物质文化遗产的保护"等抢救性发展、"体育院校武术讲义和教材的编写、大学专业和学科的建设、科研基地和

① 谭广鑫：《巫武合流：武术秘密结社组织中的巫术影响研究》，《体育科学》2017 年第 2 期，第 87 ~ 97 页。

② 刘帅：《精武会社会网络之研究（1909 ~ 1941）》，上海体育学院硕士学位论文，2009。

③ 昌沧：《南京中央国术馆始末》，《体育文化导刊》1997 年第 4 期；刘雅媚、郭强、杨祥全：《天津中华武士会寻脉》，《体育文化导刊》2013 年第 5 期，第 130 ~ 132 页。

④ 刘帅：《精武会社会网络之研究（1909 ~ 1941）》，上海体育学院硕士学位论文，2009。

⑤ 李文鸿、陶传平、吕思泓：《中央国术馆组织性质新考》，《体育学刊》2016 年第 3 期，第 33 ~ 38 页。

重点科学建设、硕士研究生培养和博士点设立、中小学体育教学内容的确立、全国学校武术联盟的成立"等教育化发展、"国际性武术比赛、洲际和国际武术联合会、国际武术学术会议"等国际化推广,推动了中国武术的现代化转型发展。

四 研究展望

在"中国文化重建的世纪"中(金观涛语),作为武术研究重要内容的文化研究,站在文化强国的战略高度,依托历史文化传统,面对世界文明发展潮流,在服务中国文化自信、展演中国文化形象中加以深化与推进,是其未来研究的发展趋势。

一方面,以武术历史渊源、武术文化特征和武术思想史的研究,梳理武术与中华优秀文化核心思想理念的关系,揭示武术蕴含的"传统美德、人文精神、价值内涵";从概念史研究之方法和话语研究之视角,在追踪"武术、技击、武德、侠义"等武术概念以及"三节四梢、劲与力、意与气、形与神"等武术话语的生成与发展中,构建武术话语与思想体系,提炼武术的文化逻辑、文化基因,弘扬中国精神,传承中华文脉。

另一方面,以长时段武术发展宏观脉络的梳理、"一地一门"武术历史发展的微观深描、当代武术发展的田野调查,研究武术文化蕴含的生机与活力,整理中国武术文化生产所形成的"文化转换"的历史经验;以创造性转化、创新性发展,探寻学校教育和文化遗产保护以及健康中国建设中中国武术传承发展系统,推进武术文艺作品、武术赛事和武术表演业的文化生产;以世界体育文化的对话与交流为出发点,梳理中国武术海外传播的历史,启动海外武术民族志研究,用"他者眼光"分析武术国际化发展中的形象史、记忆史,促进武术的国际化传播。

走进青少年的武术教育研究

马 剑　张云崖　杨建营　张茂林[*]

摘　要：　"少年强则武术强"的武术教育事业发展在一定程度上决定着武术发展的历史进程。近年来武术教育研究聚焦于现状、理念、教学、条件等方面。其中，现状研究指出，各类武术教育存在着不平衡性；理念研究认为，武术具有强身健体、保家卫国的作用及"格拳致知"的教育经验；教学研究提出，课程设置应坚持"继承与创新、简易性与系统性、统一性与多样性、健身与技击、尚武精神与爱国主义"相结合原则，教学内容的选择要处理好社会需要、学生个体、武术学科要素的关系，教学评价要坚持"多样性、分段性、合理性、综合性"的原则；教学条件研究建议，应从"加大专业师资人才的引进和培训，引进民间拳师，推进与武术馆校的合作"方面加以改善。

关键词：　武术教育　教学现状　教学内容　教学评价

　　青少年是武术发展的重要群体，学校是传承中华武术的重要空间。武术教育在历史上形成了官方主导（如先秦庠序）和民间倡导（如宋朝书院）两种模式。现代意义上的学校武术教育始于近代，成长于民国，系

---

　　* 马剑，河北师范大学教授，体育学院副院长；张云崖，上海体育学院教授，武术学院副院长；杨建营，华东师范大学教授；张茂林，山东体育学院讲师。

统化于新中国。进入 21 世纪，学校教育承载了德育、技艺、人文等多重诉求，武术教育研究聚焦于"现状、理念、教学、条件"等方面。

一 武术教育现状的研究

人们对武术教育现状的关注，主要集中在两个方面：一是各类教育的现状，二是传统武术进学校的情况。

（一）各类教育的现状

学校武术教育具有空间上的差异性和阶序上的过程性，其现状呈现为三类不平衡。

首先，基础教育的不平衡鲜明地表现为两极性。在开设学校上，其两极性表现为既有开设武术教学的学校，也有尚未开设武术课程的学校；在教学内容上，既有以长拳、武术操、太极拳项目为主，比较丰富的教学内容，也有缺少教材、科学教学计划的学校；在性别上，无论是学习兴趣还是学习效果均存在男生多于女生的现象①。

其次，普通高校呈现"新与旧、德与艺、术与道"的不平衡。一是新与旧的不平衡表现为课程内容的陈旧，未能适应现代体育教育发展步伐、体现与时俱进的时代性；二是德与艺的不平衡表现为其技术教学中缺失相应的武德教育；三是术与道的不平衡表现为重实践轻理论，理论课的学时分布较少。②

---

① 唐大伟：《南通市中学武术教学现状的调查与研究》，郑州大学硕士学位论文，2012，第39页；王树胜：《农村中学武术教学管见》，《甘肃教育》2016年第23期，第88页。
② 马岳强：《对湖北省普通高校武术教学现状的调查研究》，武汉体育学院硕士学位论文，2007，第23页；马野：《新疆塔里木大学武术教学现状研究》，北京体育大学硕士学位论文，2014，第35页；赵蕾：《陕西省普通本科院校武术教学现状与对策研究》，西安体育学院硕士学位论文，2011，第22页。

最后，高职院校存在着实践与理论不平衡现象。高职院校多集中技术教学，多数几乎没有开设武术理论课的意识，具有重实践轻理论倾向。[①]

（二）传统武术进校园的情况

传统武术的课程开发与利用程度偏低，面对"不是课程的体育化忽视武术文化性，就是直接拿来，缺乏课程化改造"[②] 之现状，人们提出"走出去"和"请进来"对策："走出去"就是让高校武术教师深入民间，向民间传统武术专家学习，或者由高校或政府组织短期培训，深入学习民族传统武术的拳理和技法等，然后将所学传统武术技法课程化为学校武术教学中；"请进来"就是邀请或聘用民间传统武术专家到高校任教，加强民族传统武术在高校的教学与传播，高校只有具备了传统武术师资力量才能将中华民族传统武术传承与发展下去。[③]

二 武术教育理念的研究

教育理念对落实和推进学校武术教育具有一定的导向作用，学界对其关注主要集中在教育功能、文化传承责任、发展战略三个方面。

（一）武术的教育功能

对武术教育多元价值的认识早已形成共识，如毛泽东同志在《体育

---

① 许江：《高职院校武术教学现状及对策研究——以新疆为例》，《搏击·武术科学》2015年第4期，第53页。
② 郭雷祥、樊红岩：《在普通高校发展传统武术的可行性研究》，《北京城市学院学报》2007年第6期。
③ 王世景：《桂东南州珮功夫引入到当地高校武术教学的思考》，《体育科技文献通报》2015年第8期，第20页。

之研究》中指出武术具有强身健体、保家卫国的作用，并将武术价值细分为教育、竞技、自卫、健身、医疗、审美、娱乐、经济和社会交往等价值。一方面需要弘扬武术精神中的"忠、义、信、勇"，须深入挖掘传统武术文化传承的仪式化认同，总结"格拳致知"的武术教育历史之经验，重新评价武术步型通过增强功力间接服务于技击的教育作用和路径，另一方面需要吸收外来教育理念推进武术教育的现代化建设，如从具身认知理论看，武术教育以"全人"教育作为逻辑起点，内含生理、心理、社会身体的育人路径，具有"生命性、具身性、身心统一性"的意蕴。

在武术"由制人而制己"伦理化发展中形成的武德文化奇观，其机制是通过"规范性知识、检查、惩罚"之路径，最终将外在要求内化为主体自觉的"自我技术"①，其内涵包括"人与自然和谐的天人合一，人与社会和谐的忠于国家民族，见义勇为、遵纪守法、谦虚诚信、尊师爱徒、团结互助，人与艺和谐的持之以恒、修身养性"，不仅是武术教育的传统、学校武术教育的起点和抓手，而且对培养合格的社会主义接班人具有举足轻重的作用，无论是重德轻技还是重技轻德均非武术教育的理想。

（二）文化传承的责任

武术教育是国运昌盛、国脉传承的基础，是国运国脉于国民中生根发芽、传承弘扬的重要阵地，应"激发运动激情，奠定身体基础；优化课程内容，构建系统知识；发掘竞赛价值，塑造人格品质；融入孔子学院，传播武术文化"，承担助力国运昌盛的责任②。学校与武术融合的一个重

---

① 戴国斌：《武术：身体的文化》，人民体育出版社，2011，第314～404页。
② 王登峰：《以学校武术教育助力国运昌盛与国脉传承》，《上海体育学院学报》2017年第2期，第71～74页。

要功能就是传承文化传统，学界对武术文化传承的认知，经历了一个全盘吸收到批判继承的过程，面对武术现代化"被西洋搏击项目归化的新武术、洋武术为假武术、非武术"①，弱化了借助武术实施文化传承的责任和道义②的状况，应拒绝单向度地站在西方文化的立场上衡量传统武术的价值标准，以弘扬传统文化为落脚点提出不同的教育理念，发掘中国武术"生理身体、社会身体、心理身体"教育之经验，推进中国武术教育本土话语理论体系的建设，坚持中国武术"以拳为物而格，以武之德的养成和拳之艺的继承创新而致知"的"格拳致知"的教育道路。

（三）发展战略的设计

根据学校武术教育发展的历史，人们从两方面规划了武术教育发展之战略。一方面从课堂教学出发制定了"趣味引导，套路与格斗随行，礼仪与武德始终，功利自修，展演激励"的发展蓝图③，另一方面从学校武术发展视角形成了"竞赛为先导，科研为保证，产业为支柱"的共识，并形成七方面具体对策。其一建立科学的普通高校武术教育教学体系；其二普通高校武术教育以武术技术为载体，武德文化为核心；其三建立普通高校武术俱乐部，营造校园文化氛围；其四建立完善的普通高校武术教育教材体系；其五建立完善的普通高校武术教师培训机制；其六建立科学的

---

① 程大力：《传统武术——我们最大宗最珍贵的濒危非物质文化遗产》，《体育文化导刊》2003 年第 4 期，第 17～19 页。
② 张茂林、虞定海：《学校武术教育的文化反思》，《搏击·武术科学》2012 年第 4 期，第 19 页；徐泽、曾天雪：《高校武术教育反思》，《体育文化导刊》2014 年第 9 期。
③ 赵光圣、戴国斌：《我国学校武术教育现实困境与改革路径选择——写在"全国学校体育武术项目联盟"成立之际》，《上海体育学院学报》2014 年第 1 期，第 84～88 页。

普通高校武术课学生成绩评价体系；其七普通高校武术教育的发展需要国家政策法规的支持。①

三　武术教学的研究

教学是学校武术教育的实践基础，学界对此关注主要集中在教学内容与课程设置、教学方法与手段、教学考评三个方面。

（一）教学内容与课程设置

学界对武术教学内容及课程设置的关注点主要有三个方面。其一教材编写，要遵循传统与创新、简易性与系统性、统一性与多样性、健身与技击、尚武精神与爱国主义相结合的原则，不仅要突出实践的重要性，更要突出武术的文化特性，力争技能实践与文化熏陶的并重。其二武术教学内容的选择，要处理好社会需要、学生个体、武术学科要素之间的关系，既要注重教学内容的基础性，也要结合学生的发展需要和身心特点，把握社会价值观念之关键②，结合当今社会发展，适应社会主义建设的需要，加强对健身气功和各种功法的推广，注重格斗类与套路类教学内容的融合，适当加入其他国家格斗项目的教学内容。其三教学改革目的，应根据体育教学"以人为本，健康第一"的基本原则，具体化为"强化套路，突出技击，保质求精，终身受益"

---

① 刘立华：《普通高校武术教育发展战略研究》，苏州大学硕士学位论文，2011，第31页；刘立华：《基于战略学视野的高校武术教育发展战略研究》，《广州体育学院学报》2013年第1期，第107~110页；张峰：《学校武术教学改革实施策略》，《第六届中国体育博士高层论坛论文摘要集》，2016，第5页。

② 王逸群、卢玉：《我国中小学武术教材内容设计研究》，《搏击·武术科学》2008年第5期，第65~77页；曹晨曦：《文化传承视阈下高校武术教育内容分析》，《当代体育科技》2015年第25期，第178~179页；曹韦华：《学校武术教育中的武德传承的内容》，《拳击与格斗》2016年第6期。

理念，"一校一拳，打练并进，术道融合，德艺兼修"思路，实现"强身健体、防身自卫、修身养性、立德树人"的武术教育目的，进一步认识武术学习不可缺少，且为提高武术学习效果重要抓手的缄默知识，从"顿悟论、互动论、迁移论"促进学生个体性的意会性和体悟性知识形成①。

（二）教学方法与手段

学界关注六种教学方法，分别为自主学练法、念动练习、情景教学法、合作教学、莫斯顿互惠、多元化模式等，形成了六种教学手段，分别为课内外一体化、多媒体技术、音乐、校园网辅助、游戏、戏剧等手段。各种教学方法与手段更应在具体的教学环境下探索与研究，才具有现实的可操作价值。更为可喜的是，有人整理了中国武术——以生理身体"外形－内劲"的体态认知为先导，以社会身体"同伴－对手"的人际关系认知为中介，以心理身体"谨慎－勇敢"的情绪自控认知为目标的教学方法系统；有人提出，"禁止重击"可促进校园武术散打的健康发展。

（三）教学评价与考评

学界对学校武术教学评价的研究集中在四个方面。其一评价的原则，强调内容的多样性，教学评价的分段性，学生学习评价的合理性，综合评价的准确性。将教师主评、学生自评、互评三者结合作为大学武术选项课学习评价体系。其二评价指标，应从单一评价向多元评价改革，形成武术参与、武术技能、健康状况与体能、武术认知、情意表现与合作精神等指标体系。其三评价方法，采用多样化的教学评价方式，建立多元智能评价

---

① 陈新萌：《武术缄默知识体系与教育实践研究——默会认识论视角》，上海体育学院博士学位论文，2017。

体系,实现多元方法与主体并存,静态评价向动态评价过渡。其四评价的理念,由"多角度、全方位"形成"和合理论"及"以人为本"理念等。

四 教学条件的研究

师资是武术教学条件的第一要素,针对"以本科、硕士、初级职称和中级职称为主,高学历、高职称的人才较少""专业教师比例偏小,武术教师继续教育缺乏""部分武术教师对职业前途缺乏信心"的现状,应加大引进专业师资人才和培训在岗武术教师的力度,有目的地招聘优秀武术教师,引进民间拳师,促进与武术馆校合作等。

场地器械是武术教学条件的重要基础,总体而言,目前不仅场地、器材的增长幅度与学生数量的增长幅度不匹配,影响了教学效果、师生习武热情,而且多无固定用于体育教育进行专业武术教学的场地。

五 研究展望

在现代教育迷失"教育即生长"(杜威语)、"生活即教育,社会即学校"(陶行知语)之方向,武术教育对人格、人性等的刚性需求即将成为新的研究趋势。一方面,作为人的自然属性和社会属性相统一(马克思语)的人性,如何从人区别于动物、人之为人的人性出发,深入认识武德教育意义,是学校武术教育与人性促进的重要命题。另一方面,作为人的社会特质(马克思语)的人格,是个体尊严、价值和道德品质的总和。从心理学视角可化约为需要、动机,举止和信念以及能力、气质和性格等,反映在武术刚健有为、厚德载物精神,因此探讨武术与人格、不同拳种对人格不同的影响,将成为武术教育研究的新视角。

武术的国内社会发展与国际文化传播研究

闫 民 黄 聪 张银行[*]

摘 要： 作为武术发展的重要命题，近年来人们从国内传统武术、竞技武术、学校武术发展及国际化发展等方面对国内国际的武术文化传播进行了新探索。断代史、功能演进、现状对策成为传统武术发展研究的焦点，竞技武术发展研究从演进、战略、批评三个方面进行了新分析，学校武术发展研究从发展历史、发展现状、发展策略三个方面进行了梳理，武术国际化发展研究从发展的思考、历程与现状的分析、发展理念与策略的规划等方面进行了分析。

关键词： 社会发展 国际发展 传统武术 竞技武术 学校武术

社会化和国际化是武术发展的两个重要命题。近年来，学界对武术社会化发展的关注主要集中在传统武术、竞技武术、学校武术等三个方面，对武术国际化发展的研究主要集中在意义、现状、策略等三个方面。武术社会化和国际化的研究，从历时性来看具有交叉性，从空间上看具有交互性，从进程上来看具有不平衡性。

* 闫民，济南大学教授；黄聪，陕西师范大学教授，上海体育学院中国武术研究中心 B 岗兼职教授；张银行，扬州大学副教授。

一 传统武术的研究

传统武术作为现（当）代武术之根，未来武术发展之基，成为学界持续关注的热点。从目前掌握的资料来看，人们的关注点主要集中在三个方面：一是历时性的断代史研究；二是功能演进研究；三是现状与对策研究。

（一）断代史研究

第一，在先秦武术社会发展研究中，人们形成了三个研究倾向。一是作为国之大事的武术，不仅帝王"三时务农，而一时讲武"（《国语·周语上》），而且还有"庠、序"之形式，贵族子弟 15 岁接受一种名叫"象"的武舞的训练之要求①。二是承担社会功能的武术，以射礼伦理教化为核心，形成了大射、燕射、宾射和乡射的社会秩序范式，② 讲究"射中则得为诸侯，射不中则不得为诸侯"，而成为天子与诸侯交流的技术，转变为周天子对诸侯的控制技术、甚至生产"诸侯"的"养诸侯"之法。③ 三是处于社会转型的武术，士族的没落、社会的分裂催生了游侠群体④，其"游"的资本是"义"而非"武功"⑤，此时武术社会发展具

---

① 周伟良：《中国古代武术史话之一先秦武舞》，《中华武术》2014 年第 1 期，第 46～47 页。
② 张波、姚颂平、季浏：《秩序与德性：先秦射箭竞赛的历史文化解读》，《西安体育学院学报》2017 年第 1 期，第 68～74 页。
③ 戴国斌：《从狩猎之射到文化之射》，《体育科学》2009 年第 11 期，第 79～84 页。
④ 韩云波：《试论先秦游侠》，《贵州大学学报：社会科学版》1994 年第 2 期，第 21～25 页；刘耀荣：《武侠景观：从历史的叙述到共同想象》，福建师范大学，2015；陆小黑、唐美彦：《中国武术侠义精神历史变迁的理论诠释》，《沈阳体育学院学报》2016 年第 5 期，第 132～138 页。
⑤ 李零：《侠与武士遗风》，《读书》1993 年第 1 期，第 19～25 页。

有两个面向，一是作为政治治理术而重教化①，二是作为私斗而注重实用②。

第二，汉唐武术社会发展研究主要有两个倾向。一是国家政策的影响，在秦朝"禁武""讲武之礼，罢为角觝"之后，角觝成为汉以后国家和民众的重要娱乐形式。《汉书·武帝纪》载：元封（公元前108年）"三年春，作角觝戏，三百里皆来观"，第二次是元封六年（1086）"夏，京师民观角觝戏于上林平乐馆"。唐朝宫廷以"内园"作为摔跤的专门机构，"内园恒备角觝之徒"（《新唐书》），末年朝廷建立官办"相扑棚"。二是文化交流，角觝在融合少数民族摔跤后形成以摔为主，包含踢打擒拿、可用于搏击和军事作战的技法③。《汉书》金日磾传记载："日磾摔胡投何罗殿下，得擒缚之。""摔胡"是典型摔跤技法，有别于用作竞技、表演、娱乐百戏的角觝，为后世武术的技术发展奠定了基础。史载："摔胡，若今相辟卧轮之类也。"（孟康《汉书注》）南北朝时"摔胡"直接被称为"相扑"。

第三，两宋武术的社会发展主要集中在两个方面。一是军事武艺出现了"教法格"，对训练内容、方法、使用器械等有了明确规定，并整理成《武经七书》《武经总要》等典籍，兵器呈多元化，且有"十八般武艺"说法（《翠微北征录》等）；二是民间武艺的新发展，因两宋之际"重文抑武"的国策，呈现社会化、大众化、专门化等发展趋向，出现了瓦肆、

---

① 陆小黑、唐美彦：《中国武术侠义精神历史变迁的理论诠释》，《沈阳体育学院学报》2016年第5期，第132~138页；唐韶军、戴国斌：《马斯洛"人生需求理论"视域下的武术教化研究》，载《2015第十届全国体育科学大会论文摘要汇编（一）》，2015。

② 韩红雨、戴国斌：《武术比试观念的演进：一种由"暴力到文明"的身体叙事》，《中国体育科技》2014年第3期，第51~55页。

③ 吴彬、江百龙：《散手运动溯源与发展刍议》，《武汉体育学院学报》1989年第2期，第70~73页。

瓦舍、勾栏等专门化的武术场所，① 有了全国性的大规模摔跤比赛②，尤其是专门性的女子摔跤比赛，出现了中国古代摔跤第一本专著《角力记》以及宋太祖长拳等。

第四，元明清武术社会发展的研究主要集中在"拳种门户研究，武术典籍研究，武术与秘密会社研究"，民国武术社会发展研究主要为"武术的现代化转型、武术教育研究、武术社会化及尚武思潮研究"等。

（二）功能演进的研究

首先，传统武术技法的社会演进表现在三个方面。其一从发生学上来看，拳种的文化生产经历了"击有其术、舞有其套、演有其理、拳有其派"四个阶段。其二在技术特点上，传统武术技法经历了"身体技术、身体艺术、身体文化"三层面发展；其三从形成动因上看，武舞的形成是由集体意志、个人动机以及意象思维等因素促成；（打）套子的形成是由社会、个人的双向需要因素促成；拳种的形成是由武术套路自身发展的需要、地理环境以及传统思想文化的内化自觉等因素而促成。

其次，传统武术功能价值的社会发展表现在两个方面。一是功能形态上经历了"由野蛮而文明"的文明化、"由制人而制己"的伦理化、"由现实而理想"的理想化过程，衍变为"外着文明衣裳、内装尚武与阳刚之魂"的文化复合体③。二是人生需求上经历了"生存－生命－生活"的

---

① 杨绍华：《宋代民间武术发展述论》，《洛阳师范学院学报》2013 年第 2 期，第 89～92 页。
② 张利华：《宋代体育研究》，河南大学硕士学位论文，2013；张正东：《中国摔跤文化的研究》，上海体育学院硕士学位论文，2010；赵岷、李金龙、李翠霞：《中国摔跤文化的历史解读》，《体育文化导刊》2008 年第 6 期，第 33～36 页。
③ 戴国斌：《武术：身体的文化》，人民体育出版社，2011；韩红雨、戴国斌：《武术比试观念的演进：一种由"暴力到文明"的身体叙事》，《中国体育科技》2014 年第 3 期，第 51～55 页。

转型。①

最后，传统武术的现代价值，是人们在"病夫抗争"社会框架下所形成的"大众的健康记忆、知青的抗争记忆、师生的教育记忆、外国人的文化记忆"的"七彩光谱"。

（三）发展现状及对策研究

传统武术社会发展的现状有三：其一传承危机明显，面临传承乏力、"人去艺亡"窘况；其二异化危机显著，传统价值取向被现代工具理性所吞噬，本真性成为伪命题②，过度追求商业开发等；其三空间危机突出，城镇一体化发展，致使门户拳场消亡，武术之乡面临瓦解。由此带来了三方面发展困境及落差，其一域外武技以及健身项目的大量涌入，符合不同人群时尚消费观念，边缘化了传统武术；其二域内发展之冷与域外发展之热形成了强烈反差；其三竞技武术与传统武术的发展严重失衡等。

面对我国文化立国的方针、全民健身战略、健康中国规划、非物质文化遗产立法等，从传统武术的社会发展机遇与挑战出发，人们提出了传统武术社会发展的六方面对策：其一标准化发展，是多样化之一而非唯一③，是技术规律而非套路形式④；其二是民俗旅游、赛事产业化发展等；其三是交流、继承和创新；其四是"互联网＋"的思维；其五加强政策

---

① 唐韶军、戴国斌：《生存·生活·生命：论武术教化三境界》，《北京体育大学学报》2016年第5期，第72～78页；唐韶军：《生存·生活·生命：论武术教化三境界》，上海体育学院博士学位论文，2015。

② 王玉清：《中国传统武术之"传统"本真》，《天中学刊》2013年第5期，第98～100页；刘晓春：《谁的原生态？为何本真性——非物质文化遗产语境下的原生态现象分析》，《学术研究》2008年第2期，第153～158页。

③ 乔凤杰、王刚：《让"标准"成为多元之一：论武术的现代发展》，《中国体育科技》2015年第5期，第67～71页。

④ 王飞、曹天雪：《武术标准化建构的反思》，《武汉体育学院学报》2016年第1期，第59～63页。

扶持、宣传和立法等；其六是主动进行现代化转型，走休闲、健身和娱乐等发展道路。

二 竞技武术的研究

竞技武术是以国家为主导，融西方体育之"竞"和东方体育之"技"而产生，成为新中国成立以来的一大新武术、新名称、新概念[①]，备受学界关注，并从"演进、战略、批评"三方面深化了研究。

（一）演进研究

竞技武术是以世界化推广、国际化融入为顶层设计，以高、难、美、新为发展思路，自 1959 年颁布实施第一本《武术竞赛规则》以来，其多元发展表现在三个方面。其一为套路、散打、推手等竞赛规则变迁的探讨，其趋势为简单易行、规范标准，客观反映水平；其二技术、选材等革新研究，人们从规则之变出发讨论了技术、战术、选材、演练、创编、训练等创新；其三竞技武术发展理论研究，一方面是发展理念研究，在高、难、美、新基础上提出了"真"理念，另一方面是关系研究，如竞技武术与传统武术、传统武术与散打等，形成子母关系、异化关系、创新关系等论证。

（二）战略研究

对竞技武术发展战略研究主要集中在五个方面。其一奥运会战略，提倡通过革新竞技武术而优先入奥，推进"标准化"进程；其二全面

---

① 郭志禹：《竞技武术国际化综论》，《上海体育学院学报》2002 年第 4 期，第 27～30 页。

健身战略，是竞技武术需肩负的另一重要社会功能；其三品牌战略，主张打造本土赛事品牌；其四国际化推广战略，主张立足武术本体的可操作性对接异域文化个性，形成创造性转化与创新性发展的局面；其五市场化及职业化战略，形成武林大会、K1、UFC 等赛事运作的研究等。

（三）批评研究

对竞技武术的批评有三，其一对标准化建设思路的反省，深受工业文明思维影响的标准化，扼杀了文化个性，弱化了文化多样性，应将其作为多元发展的一环，而非凌驾于多元化发展之上；其二对"武术入奥"的省思。"武术入奥"是对传统武术的人为隔离，催生了精英自娱自乐的舞台，应坚持民族性、文化性、传统性、健身性原则，实现"奥运梦"向"民族梦"的转变；其三对文化缺失的批评，竞技武术的"无根""失魂"以及刻板印象为异类，其未来发展需坚持技击本质和文化特色的回归。

三　学校武术的研究

学校武术作为武术社会发展的重要场域，被学界持续关注。近年来，人们的关注点主要集中在学校武术发展历史、发展现状、发展策略的研究之上。

（一）学校武术发展历史研究

通过历时性梳理，人们从四个方面解读了学校武术的发展。其一先秦庠序六艺课程中的贵族教育，具有明显的阶级性、军事性等特点。其二宋明书院私人空间的教育，其文武兼修主张，旨在培养文质彬彬的君子①。其三近代以来的现代学校教育，纳入国家与社会同步发展的轨道，开启了武术体育化、标准化、科学化发展进程，具有"自尊与抵触、依附与模仿、自觉与回归"的特征。其四是对上海育才中学"男拳女舞"成功武术教育的历史经验进行了整理。

（二）学校武术发展现状研究

改革开放及进入 21 世纪以来，随着国家文化战略的形成，2004 年，中宣部与教育部联合制定的《中小学开展、弘扬和培育民族精神教育实施纲要》指出，在中小学开展弘扬和培育民族精神教育的紧迫性；2013 年，国家体育总局武术运动管理中心将段位制作为"六进"（进院校、进社区、进机关、进企业、进营房、进乡镇）目标之一；2014 年，全国学校体育联盟（武术项目）成立，明确提出"一校一拳、打练并进、术道融合、德艺兼修"的改革思路。在适应社会变革过程中，学校武术面临四方面困境。其一学校武术地位的边缘化，武术的名存实亡；其二学生喜欢武术不喜欢武术课，身体素质的持续下滑；其三教学的重形轻质，重术轻理，重结果轻过程等。其四学校武术改革的泛化、乏力等，最终形成"中华武术在学校体育教育领域岌岌可危"的境地。

（三）学校武术发展策略研究

在国家与地方政策的引导下、全球化趋势的影响中，人们提出了三方面的学校武术发展新策略。其一标准化发展策略，以段位制为核心，注重可操作性、系统性等。其二文化回归战略，强化"国家意识、国学意识、

---

① 李龙：《历史学视野下的中国武术教育》，上海体育学院博士学位论文，2008。

文化意识、拳种意识"，术道融合地培养学生的健全人格、促进全面素质的提升，实现对学生"武以成人"的终极教化。其三武术教改战略，创新教改理念、教改思路、教育内容等，积极探索学校武术"趣味引导，套路与格斗随行，礼仪与武德始终，功力自修，展演激励"的立体化教学新模式，推进各级各类学校的特色教改实践。

四 武术国际化的研究

武术国际化发展是国人融入世界体育的一种方法、手段和窗口，是一种文化自觉和自信的体现，是中国为推进世界体育进一步发展贡献智慧的愿景，也是世界对中国文化认可、接收和学习的途径、方式。近年来，人们对武术国际化发展的思考形成了三方面的研究取向：一是国际化发展的思考，二是国际化发展历程与现状的分析，三是国际化发展策略的规划。

（一）武术国际化发展的思考

人们从五方面思考了武术的国际化发展。其一是时代发展的新课题。中国加入 WTO，积极申请进入奥运会，为武术国际化发展提供了时代契机、提出了发展新要求。其二是文化交流的新使命。武术作为一种"世界语言"，可讲述"中国故事"，抒发中国人的国际情怀等，推进武术的国际化发展。其三是哲学思辨的新论域，武术国际化需要保持"民族/世界、传统/现代"的合理张力，可以其承载"止戈为武"的和平形象、"崇尚科学"的进取形象、"自强不息"的奋斗形象，服务国家形象的建构。其四是发展路径的新探索，随着中国成为世界第二大经济体，需在增进文化自觉、构建文化自信的基础上，以中国范式、中国气派完善海外孔子学院建设，充实太极拳、少林拳等中国传统体育项目为载体的文化传播新共识，将中国武术跨文化教育作为武术国际化发展研究的重要内容。

（二）武术国际化发展历程与现状的分析

武术国际化发展历程的研究主要集中在三个方面。其一为中国传统武术国际化发展，如在秦汉为角觚、南北朝为相扑，在南朝传入日本，其传播主体是华侨华人，后经日本人的文化再造成为现今广泛欢迎的空手道。其二是现代武术的国际化发展源于民国"精英意识、民间社团的担当"、新中国的"文化自觉、国家形象载体"[①]的建设。其三是国际背景，以美国为例，其"淘金热""冷战""中美关系解冻""全球化"等时期构成了武术在美国发展的鲜明节点[②]。

武术国际化发展现状研究，从形式来看，主要有竞技武术表演、功夫舞台剧、武术馆校；从内容来看，由讲究实战的传统拳术、注重养生的健身功法、侧重娱乐表演的竞技武术等组成；从手段来看，有以国家为主导的推广、以民间拳师为媒介的交流发展、以留学生为主体的断点式传习等；从动机来看，是国家层面重视形象的建构、民间个人及团体注重商业化开发的合成；从效果来看，输出的多元与需求的有限失衡，需求的动机与供给的意图错位，供给的国家标准化与团体及个人的碎片化缺乏对接[③]，使域外民众对武术技术的认知、动作的翻译、理论的体悟等难以把

---

① 卢安、姜传银：《近代以来武术国际传播学理反思与策略重构》，《体育文化导刊》2017年第1期，第184~185页。
② 孟涛、蔡仲林：《传播历程与文化线索：中华武术在美国传播的历史探骊》，《体育科学》2013年第10期，第78~88页。
③ 高慧林、亢莉：《中国民族传统体育文化输出面临的困境及策略》，《体育学刊》2010年第4期，第99~102页。

握。可贵的是，有人运用哲学解释学理论，从当地人视角出发，将中国武术国际化视为当地人动用本国有关知识对中国武术形成视觉记忆和身体记忆的过程①。

武术国际化发展困境的研究主要集中在四个方面。其一为语言文化沟通、武术多元与自身科学体系缺乏的困境②；其二是组织困境。一是一些海外民间武术传播者各自为政、各自划界、各自经营，二是国际组织的滞后性，如国际武联的会员总数过少，国际赛事影响力不够大等；其三是管理困境。一是武术内容的庞杂，造成受众对武术的理解障碍。二是传承人的管理松散，无序竞争成为武术国际化发展的绊脚石。三是"顶层设计"滞后，缺少"意见领袖（舆论领袖）"；其四是消费困境。一方面是品牌意识淡化，在内容呈现演艺化艺术追求中忽视了武术的实践品牌效益。另一方面是时尚元素无效对接，在国际化发展过程中忽视了对"他者"文化的吸纳；学界将上述困境产生的原因归结为三个方面。一是国际化/本土化的吸纳超越难以定位或突破，二是中西文化传统上的源头差异，三是自身国际化力度的乏力。

（三）武术国际化发展理念及策略

基于武术国际化发展现状、困境，人们提出了五方面的发展理念及策略。其一竞技武术与传统武术协同推进策略，前提是坚守民族文化立场，发挥典型人物、重大事件等强符号传播功能，规避风险社会带来的负面影响，形成中国武术国际传播的新路径；其二借鉴策略，如复制跆拳道模

① 罗格里德：《解释学视野下中国武术在非洲的传播与记忆研究》，上海体育学院博士学位论文，2017。
② 李凤芝、朱云、刘玉：《对我国武术文化国际传播中归化与异化问题的研究》，《武汉体育学院学报》2015年第10期，第56页。

式、借鉴西方体育发展模式等，找准新的传播路径，规避由于文化、观念不同引发的负面影响①；其三立足健身的发展模式，让全世界能够了解武术中蕴含的中国传统的思维方式和精神追求等文化信息；其四采用影视推广模式；其五利用孔子学院发展、"一带一路"倡议等带来的机遇。总之，武术国际化发展是一项综合性文化工程，不仅需要"完善自身体系，挖掘文化内涵""形成明确的理念，提出有感召力的口号"；而且需要国家体育总局、教育部、文化部、财政部等相关部门的协调参与，寻找新的逻辑起点，夯实中国武术品牌基础，提供发展的新思路，构建武术国际化发展的"异质流"模式。

五　研究展望

在世界进入"中国世纪"之际，作为优秀传统文化的中国武术，如何在国内夯实传承工程、向国际展示中华文化之姿，是武术社会发展和国际发展研究的新趋势。

一方面是武术的国内发展，不仅需要立足武术拳种，重视文化识别与身份建构，从优秀传统文化的传承入手，推进传统武术和非物质文化遗产的发展，而且需在全民健身、健康中国建设中，进一步凸显武术的健康功能，整理中国武术健康方法系统，深化武术健康机制研究。另一方面，武术的国际发展需立足可感知的东方身体文化，尊重他者文化之境，贡献中国的"竞和""练养"思维和智慧，以及身心和谐、人际和谐、天人和谐的健康方法。

---

① 蔡月飞：《中国武术国际传播的文化困境与理念转换》，《成都体育学院学报》2014 年第 11 期，第 37 页。

现代化的竞技武术研究

朱　东　韩青松*

摘　要：　近年来人们以"竞技武术基本理论研究、竞技武术科学化训练研究、武术赛事研究"为主题，对竞技武术进行了新探索。在基本理论研究中梳理其"由表演而比赛，由比赛而系统"的发展历程，总结其"规范化、统一化、创新性"的特征，并从"竞技武术与传统武术的分离"和"竞技武术与传统武术和谐发展"角度审视了两者关系，反思了武术入奥；在科学化训练研究中，从"特色化发展、难度动作、运动损伤"方面研究了套路科学训练，从"体能研究、运动心理研究、技战术运用研究"方面研究了散打科学化训练；在武术赛事研究中从"发展策略、运营管理与开发"等方面进行了新探索。

关键词：　竞技武术　基本理论　科学化训练　武术赛事

2011～2016 年是竞技武术发展的重要阶段，新版竞技武术竞赛规则的颁布与实施、2020 东京奥运备选项目的遗憾落败，促使学者们紧密联系实际对竞技武术发展进行了全方位、多层次的探讨，为竞技武术事业的快速发展和瓶颈的突破提供了理论保障与智力支持。

---

*　朱东，上海体育学院教授，国际教育学院副院长；韩青松，上海体育学院在读博士生。

一 2011～2016 年竞技武术相关研究数量分析

对 2011～2016 年中国知识资源总库相关文献资料，以"竞技武术""竞技武术套路""散打"为关键词进行检索，获取 1994 篇文献，年均 333 篇。由图 1 可知，2011～2016 年竞技武术研究无论是学术期刊、学位论文或学术会议，研究数量虽略有波动，但整体态势较为平稳，这表明竞技武术研究持续受到武术学界的关注。

图 1　竞技武术研究年度文献数量变化示意（2011～2016 年）

期刊与学位论文是学术研究的重要组成，无论是研究数量还是研究内容，均反映该领域的研究热度与走向。如图 2 所示，2011～2016 年竞技武术研究学位论文共计 377 篇，共来源于 60 所高等高校。其中体育类专业院校（n＝10）虽仅占院校总数的 17%，但其硕博论文数量（n＝197）占学位论文总数的 52%。由此可见，体育类专业院校虽数量不多，但充分发挥着引领竞技武术研究发展的积极作用。

在 60 所涉及竞技武术学位论文的高校中，论文数量排名前十的院校

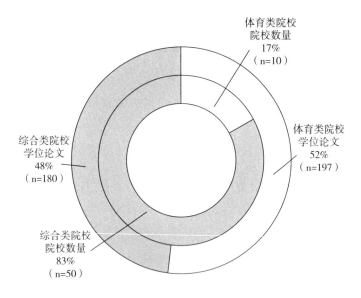

图2 竞技武术研究学位论文分布示意（2011～2016年）

（见图3）有：北京体育大学（13.5%）、上海体育学院（11.1%）、成都体育学院（7.2%）、河北师范大学（5.6%）、武汉体育学院（5.3%）、西安体育学院（4.2%）、河南大学（4.0%）、山东体育学院（4.0%）、

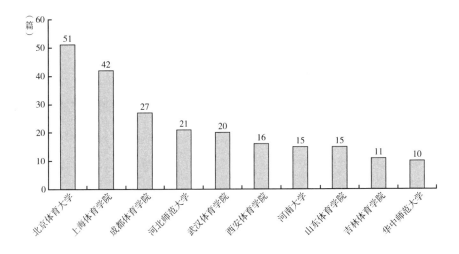

图3 竞技武术研究学位论文数量排名前十机构示意（2011～2016年）

吉林体育学院（2.9%）、华中师范大学（2.7%）。这10所高校占据学位论文总数的60.5%（n＝228），一定程度上反映了这十所高校是我国竞技武术研究的重要阵地，北京体育大学与上海体育学院在竞技武术研究领域处于领先地位。

在学术期刊方面，2011～2016年竞技武术研究的期刊发文总量达1483篇，占据研究总量的74.4%。其中，SCI、CSSCI、核心期刊共计182篇，所占比例较为合理。

表1　2011～2016竞技武术研究期刊来源分布（n＝1483）

序号	期刊来源	篇数	占比(%)
1	SCI、CSSCI、核心期刊	182	12.3
2	普通期刊	1301	87.7

在研究主题上，近年来综合期刊、学位论文和学术会议的1994篇文献中，人们对竞技武术的研究大致可归类为"竞技武术基本理论研究、竞技武术科学化训练研究、武术赛事研究"等。

二　竞技武术基本理论研究

竞技武术在民国社会精英发现竞技化对现代武术发展的作用之后，经历了"由表演而比赛，由比赛而系统"的发展历程，于新中国"竞赛规则的制定、'三级五类套路'的创编、'一条龙'训练系统的建立"等新探索而形成，并呈现"规范化、统一化、创新性"之特征①。其发展的不同时期，产生了所在阶段的相应理论，指导着竞技武术的持续发展与实

---

① 张海亮：《竞技武术的诞生》，上海体育学院硕士学位论文，2010。

践。回顾 2011～2016 年竞技武术基本理论研究，研究焦点主要集中于竞技武术与传统武术关系的审视、竞技武术入奥的反思与展望、竞技武术发展的多元思考等方面。

（一）竞技武术与传统武术的理性审视

作为中西体育文化对接的成果之一，竞技武术与传统武术关系的解读始终伴随着竞技武术基本理论研究。近五年，一些人认为，竞技武术与传统武术的分离是武术现代化转型的必然结果。"在中国武术现代转型过程中，竞技武术的思维和运作模式逐渐被纳入西方体育模式，使其与传统武术沿着不同的发展思路，形成了两种不同的文化体系与价值取向。"因而，武术竞技化发展的客观规律亦已成为许多学者的研究共识。竞技武术"作为竞技体育的分支已然成为一个不容置辩的事实，因此竞技武术的发展应遵循竞技体育的发展规律"[1]。同时，一些学者对于两者的认知已不再局限于"异化""冲突"的关系论断。张江华等在武术"体用"的思辨过程中，得出现代竞技武术或现代武术不是武术发展的异化，而是武术在当时历史背景中发展的必然。[2] 另有一些学者提出竞技武术与传统武术和谐发展的道路选择。张长思等人认为，应寻求规避二者矛盾和冲突的有效路径[3]。洪浩、田文波从大武术观出发，提出"坚持竞技武术与传统武术的和谐发展，处理好根与枝关系、优先发展与全面发展关系，实现两者

① 刘文武、王裕桂：《论竞技武术发展和传承武术技击性的途径》，《山东体育学院学报》2011 年第 11 期，第 75～76 页。

② 张江华、刘定一：《起点即终点：武术发展的知识向度》，《体育科学》2012 年第 5 期，第 45 页。

③ 张长思、张长念、王占坤：《冲突与规避：竞技武术与传统武术关系之研究》，《北京体育大学学报》2015 年第 7 期，第 32～37、58 页。

有机结合共同繁荣"的思路[①]。马文友、邱丕相指出，应调整现代武术的传统因子与时尚元素，保持两者应有的张力，做到既有创新又不媚俗，既愉悦观众又不降低品位[②]。竞技武术和传统武术理性化与辩证化的讨论，既从各自功能与使命的区分深化了对竞技武术和传统武术的认识，也为处理好两者关系、实现和谐发展奠定了基础。

（二）竞技武术入奥的反思与展望

2008 年北京奥运的成功举办极大增强了广大武术工作者的申奥信心，其后的一段时期内学者们对"后奥运"时代竞技武术的发展进行了新思考，坚定了竞技武术的入奥之路。不少学者认为，奥运会作为世界优秀体育项目的最高舞台，入奥是武术发展的主要选择之一，是武术发展的历史使命，是推进我国体育事业走向强盛的重要因素。应改革竞技武术表现形态、突出竞技武术民族特色，将中国武术"踢、打、摔、拿"技术元素细化为相应的运动小项，而以"竞技武术套路""竞技武术散打""竞技武术摔跤"多元一体地设立武术入奥的运动项目群[③]。

2011 年中国武术进入 2020 年东京奥运会新增项目候选名单，但于 2013 年遗憾止步于第二轮评审，而空手道却以举办国优势入奥之后，不少学者开始理性思考竞技武术的发展之路。"武术入奥的过高期望会给竞技武术带来负面影响，应合理定位中国武术的发展，均衡武术的多重价值

---

① 洪浩、田文波：《大武术观视野下武术发展六论》，《武汉体育学院学报》2012 年第 5 期，第 47 页。
② 马文友、邱丕相：《和谐：当代武术发展的核心理念》，《上海体育学院学报》2014 年第 2 期，第 48～51 页。
③ 王攀、王岗：《中国武术"入奥"失败的理性反思》，《上海体育学院学报》2014 年第 2 期，第 59～62 页。

属性"① "不能简单地把武术的发展归结于奥运会模式的成功，更不能等价于赢得世界人民的普遍接纳。武术'征奥'是量变到质变、厚积薄发的过程"②，竞技武术的研究应"由奥林匹克运动体系拓展到全球化发展模式"③。

（三）竞技武术发展的多元思考

近年来，针对竞技武术的新发展人们运用多元研究方法从"发展现状、标准化、竞赛规则"等方面展开了研究。

在竞技武术发展现状研究中，人们认为，竞技武术不仅"距离一项成熟的现代体育项目尚有差距"，且因身处社会转型期而"面临管理主体的体制弊端、资源开发与利用存在局限、保障体系不够完善"等问题④、呈现"失范现象"⑤，需要完善竞技武术发展的文化生态⑥，促进退役运动员的社会角色之转换⑦，"再挖掘"传统武术的文化资源、"重吸收"传统武术的技术内容。

竞技武术的标准化研究中，人们于 2011 年中国武术"标准化年"后，不仅探讨了竞技武术散打标准化发展的技术窘境⑧，比较了武术散打

① 陈保磊：《武术申奥反思》，《体育文化导刊》2012 年第 8 期，第 117～120 页。
② 周光辉：《武术入奥的现实困境与发展对策研究》，重庆大学硕士学位论文，2015。
③ 洪浩、李印东、于翠兰等：《竞技武术研究进展（2008～2011 年）》，《搏击·武术科学》2012 年第 11 期，第 1～7 页。
④ 周宝芽：《社会转型期我国竞技武术发展环境特征及对策研究》，江西师范大学硕士学位论文，2011。
⑤ 吉灿忠：《竞技武术"文化空间"之研究》，《西安体育学院学报》2012 年第 2 期，第 197 页。
⑥ 任锋：《文化生态学视域下的武术多元化发展》，《成都体育学院学报》2013 年第 11 期，第 44 页。
⑦ 李国鹏：《我国优秀武术运动员的社会角色转换研究》，北京体育大学硕士学位论文，2014。
⑧ 石华毕：《"标准化"视域下竞技武术散打技术发展窘境与改革思考》，《成都体育学院学报》2012 年第 7 期，第 64～68 页。

与奥运会同类项目技术的标准化水平①，分析了竞技武术散打技术的标准化发展现状、发展策略与标准方案②；而且研究了竞技武术套路标准化建设③，分析了研究了刀、枪、剑、棍等竞技武术比赛器械的标准化策略④，在梳理竞技武术套路南拳技术标准化历程后建构了竞技武术套路南拳技术标准方案⑤。

竞技武术的竞赛规则研究，因 2011～2016 年新版《武术套路竞赛规则与裁判法》《武术散打竞赛规则与裁判法》的颁布与实施而成为热点。其间，人们结合全国武术散打锦标赛、全国城市运动会等比赛，或追踪运动队日常训练，运用视频分析比赛各项技术指标，探寻新规则对竞技武术技战术发展的影响。如《新规则下武术套路比赛女子长拳、剑、枪技术分析与研究》⑥、《武术散打新规则对散打比赛导向效应的研究》⑦、《新规则实施对我国青少年女子散打运动员技术运用的影响研究》⑧ 等。同时，人们也从发展视角回顾与审视竞技武术规则的演变历程，反思竞技武术规则对竞技武术发展的影响，如《武术套路

---

① 范铜钢、郭玉成：《武术散打与奥运会同类项目技术标准化水平比较——以拳击、摔跤、柔道、跆拳道项目为例》，《上海体育学院学报》2016 年第 40（3）期，第 62～67、86 页。
② 范铜钢、郭玉成：《竞技武术散打技术标准化研究》，《首都体育学院学报》2016 年第 11 期，第 512～517 页。
③ 李宁：《"标准化"视野下武术套路的传承和发展》，武汉体育学院硕士学位论文，2013。
④ 张震宇、郭玉成：《竞技武术比赛器械标准化研究——以刀、剑、棍、枪为重点》，《西安体育学院学报》2013 年第 4 期，第 439～443 页。
⑤ 孙传晨：《竞技武术套路南拳技术标准化研究》，上海体育学院硕士学位论文，2015。
⑥ 唐瑞：《新规则下武术套路比赛女子长拳、剑、枪技术分析与研究——以十二届全运会为例》，成都体育学院硕士学位论文，2014。
⑦ 姜传银、陈浩、林乐华：《武术散打新规则对散打比赛导向效应的研究》，《成都体育学院学报》2012 年第 6 期，第 60～65 页。
⑧ 林凯明、曲润杰、毛爱华：《新规则实施对我国青少年女子散打运动员技术运用的影响研究》，《沈阳体育学院学报》2012 年第 5 期，第 128～130 页。

竞赛规则的回眸与思考》①、《竞技武术套路竞赛规则嬗变的研究》②，并从简便化、可操作化、公开化等方面提出竞技武术规则的改进措施。

多元化理论工具的运用是 2011～2016 年竞技武术理论研究的显著标准。其间，人们运用符号学理论分析了竞技武术套路的符号特征③，运用口述历史方法抢救了竞技武术诞生的口述史料④、记录了竞技武术套路难度动作发展的历程⑤，运用管理学 SWOT - AHP 分析模型分析武术散打发展战略⑥，运用社会角色概念分析了竞技武术运动员退役的生活转变⑦。

三 竞技武术科学化训练研究

紧随运动训练理论和竞技武术运动实践的发展，竞技武术科学化训练研究结合定量和实证研究，在体能训练、运动心理、运动损伤与运动康复等领域进行了基础性、前沿性、测评性研究。

（一）竞技武术套路科学化训练研究

1. 特色化发展研究

作为竞技武术的重要组成，竞技武术套路既是身体文化的艺术性展

---

① 方方：《武术套路竞赛规则的回眸与思考》，《成都体育学院学报》2011 年第 2 期，第 71～74 页。
② 张志辉：《竞技武术套路竞赛规则嬗变的研究》，北京体育大学硕士学位论文，2015。
③ 任蓓、黄龙：《符号学背景下当代竞技武术套路符号的构成与特征解读》，《北京体育大学学报》2016 年第 4 期，第 39～44 页。
④ 戴国斌：《新中国武术发展的集体记忆：一项口述史研究》，人民体育出版社，2016，第 167～192 页。
⑤ 杨亮斌、郭玉成：《竞技武术套路难度动作发展历程及对策——基于中国武术家的口述史分析》，《武汉体育学院学报》2016 年第 5 期，第 53～55、67 页。
⑥ 刘凤虎、王美娟、韩跃刚：《基于 SWOT - AHP 模型的我国武术散打发展战略研究》，《中国体育科技》2016 年第 3 期，第 27～34 页。
⑦ 李国鹏：《我国优秀武术运动员的社会角色转换研究》，北京体育大学硕士学位论文，2014。

示，强调"精、气、神"的内在统一与"劲力、节奏"的外在表现；也是身体技术的竞技化表现，追求"高、难、美、新"的竞技特色。近年来，竞技武术套路特色化发展的研究日益深化，学者们正在积极探索具有中国武术特色的竞技武术套路发展模式。

针对武术套路不同于西方竞技体育的独特的文化内涵与美学特质，应将"运动形式的独特性、社会功能的价值性、文化特质的难以模仿与不可复制性"作为核心竞争力[1]，积极构建竞技武术套路"劲力、节奏"评价指标模型。[2] 此外，人们也研究了竞技武术套路的艺术性，如《竞技武术套路运动的美学理解与美学特征的时代审思》《从审美心理学视角论武术套路动作意象》《美学视域下对武术套路演练中"张力"的探究》《表意主义视域下武术套路发展的特征研究》《竞技武术套路的艺术特征研究》《竞技武术套路文化特征研究》等。另外，人们也探讨了当前竞技武术套路的编排问题。许玲通过第 10 ~ 12 届全运会竞赛录像的解析认为，竞技武术套路编排存在"动作难度高度集中、自选技术相似度过高、缺乏特色技术动作"之现象，[3] 张长思等分析了对练套路编排的暴力失范、武德迷失之现象，建议重塑对练套路的武德文化[4]。

2. 难度动作技术科学性研究

竞技武术套路"高、难、美、新"的发展方向，决定了难度动作在武术套路竞赛当中的重要地位。尽管武术套路竞赛规则已经削减了难度动作的分值比例，但难度动作的完成情况仍是当前武术套路竞赛成功的关键

---

① 张道鑫：《竞技武术套路的核心竞争力研究》，苏州大学硕士学位论文，2015。
② 李英奎、徐颖、何英：《武术比赛裁判员评分辅助系统的设计与分析》，《成都体育学院学报》2016 年第 4 期，第 81 ~ 84 页。
③ 许艳玲：《技术哲学视域下我国竞技武术套路的技术特征研究》，成都体育学院硕士学位论文，2015。
④ 张长思、丁传伟、张长念：《暴力意向动作编排与传统武德文化迷失——竞技武术对练套路设计思想重塑》，《天津体育学院学报》2013 年第 3 期，第 229 ~ 233 页。

因素。近年竞技武术套路难度动作专项技术科学性研究围绕着垂直旋转类难度动作及对应的连接难度而不断拓展。黄晓州运用芬兰 Mega 公司 ME6000 16 通道肌电测试仪、瑞士产 Kistler 三维测力台，对太极拳腾空摆莲 360°接提膝独立动作的肌电特征进行了分析，不仅发现整个动作中腿部右侧肌肉相较于左侧肌肉贡献率更大，而且建议通过"延长落地缓冲时间，保证动作质量，减少运动损伤；熟练动作技术，增加空中动作的速度和稳定性"提高动作质量。① 桂由甲利用美国 ARIEL 三维解析系统对腾空正踢腿＋独立和腾空摆莲 360°＋独立动作进行测试和数据的分析比较，探索了动作过程的时间特征、身体重心的速度变化以及踝、膝、髋关节角度和速度变化等特征规律。② 路曼采用将肌电与三维影像分析同步测量的方法，对平衡类动作的支撑腿肌肉进行测试，并认为平衡动作支撑腿的胫骨前肌在维持平衡稳定阶段发挥作用最大，建议加强胫骨前肌的力量练习。③ 总之，近年难度动作研究不仅研究内容不断充实，研究手段不断丰富，而且运用计算机分析系统、三维动力学测试系统、表面肌电采集分析系统对动作运动学特征、肌电肌力的运动生物力学特征分析，为改进难度动作训练方法提供了理论支撑。比较而言，武术套路器械类难度动作及连接难度动作的研究十分稀少，既是竞技武术套路技术研究的难点所在，也是今后应进一步拓展的新内容。

竞技武术套路技术科学性研究的另一亮点，是上海体育学院中国功夫测试工程人实验平台，不仅对不同武术项目击打效果进行了运动生物力学

① 黄晓州：《太极拳腾空摆莲 360°接提膝独立动作的肌电特征分析》，北京体育大学硕士学位论文，2013。
② 桂由甲：《湖北省武术套路太极拳腾空正踢腿＋独立和腾空摆莲 360°＋独立动作的运动学分析》，武汉体育学院硕士学位论文，2012。
③ 路曼：《对竞技武术套路中平衡类动作的下肢肌电及运动学研究》，河北师范大学硕士学位论文，2011。

分析，而且对武术劲力进行了科学化解读。其代表性成果有：朱东等比较武术套路与其他格斗项目运动员在无信号和有信号方式下后手拳的击打效果，结果显示武术套路运动员具备一定的格斗基础。[①] 程国海在对比武术套路与散打后手拳击打效果的研究时发现，具有太极推手经验的武术套路组运动员击打假人的加速度大于散打组平均值，击打的力值和加速度也具有说服力，证明武术套路锻炼对于力量和爆发力也具有一定的帮助，武术套路并非一无是处的"花架子"，也能提高锻炼者的打击力。[②]

3. 竞技能力研究

2011～2016 年竞技武术规则的调整，影响着武术套路的内容结构，对运动员竞技能力也提出了新的要求。为改善套路运动员技能状态，更好适应新规则的竞技，人们从体能训练方法的探索、体能评价体系的构建及运动损伤的分析等方面日趋完善了竞技能力的研究。

在体能训练方法的研究中，人们引入西方运动训练学的体能训练方法展开了实验性研究和基础生理学研究。传统武术"练武不练腰，终究艺不高"的拳谚，说明腰腹力量在武术训练中的重要作用，核心力量训练成为 2011～2016 年竞技武术体能训练的研究热点。《竞技武术套路运动员核心力量训练方法的实验研究》《男子武术套路运动员核心区肌肉力量训练的跟踪测试与功能评价实验研究》等研究成果显示，核心力量训练能有效提高参与套路运动的核心肌群力量与稳定性，与武术基本功"腰马合一"的训练理论相符合。也有人将传统武术腰腹训练方法与核心训练方法相结合，发现两者结合对运动员核心力量、核心稳定性、平衡能力、

---

① 朱东、张志雷、孙玉科：《武术套路与其他格斗项目后手拳击打效果的比较》，《上海体育学院学报》2016 年第 6 期，第 79～83 页。

② 程国海：《武术套路和散打运动员后手拳击打效果的生物力学的对比实验》，上海体育学院硕士学位论文，2013。

连接难度的完成情况具有有效的促进作用，有助于突破传统竞技武术训练方法的瓶颈，达到提高运动成绩的目的。此外，人们引入多元化体能训练理论，设计实验干预方案，对悬吊训练对腰腹肌群力量的影响、软体训练对灵敏素质能力的影响、PNF 拉伸法对柔韧素质的改善、振动训练对下肢力量和平衡能力的影响、念动训练对训练效果的影响等领域展开多方论证，以提升竞技武术套路科学化训练水平。

体能训练手段的广泛应用也催生了竞技武术套路体能评价的相关研究，人们借助实验探究和科学论证来构建理论，再通过实践检验完善理论。例如，郑楠运用 Firebird2.1 软件构建了国家武术套路队运动员选拔评分体系，包括一级指标 5 个，二级指标 18 个，三级指标 23 个，为管理部门提供了客观、具体的人才选拔参考。[①] 吕大伟针对不同套路项目建立起包括"五项力量因子、两项柔韧因子、一项耐力因子"的优秀运动员身体素质均值模型。[②] 马灵娟则将我国优秀女子枪剑运动员身体形态素质特征归纳为"四肢相对较长、围度较粗、力量较大"。[③]

竞技武术套路训练引发的运动损伤严重影响了运动员的竞技能力。研究发现，我国竞技武术套路运动员运动损伤率高达 100%，多属于急性运动损伤，损伤部位主要有关节、韧带、腰部、脚踝等部位，并将"运动疲劳、准备活动不合理、带伤训练比赛、局部负担过重"作为运动损伤发生的主要因素。[④] 运动损伤也与心理因素相互关联，调查结果显示高水

---

① 郑楠：《国家武术套路队运动员选拔评分系统的构建与实证研究》，北京体育大学博士学位论文，2011。

② 吕大伟：《竞技武术优秀南拳运动员身体素质评价体系及实证研究》，北京体育大学硕士学位论文，2013。

③ 马灵娟：《我国优秀女子枪剑运动员身体形态素质特征研究》，北京体育大学硕士学位论文，2013。

④ 朱期林：《竞技武术套路运动员运动损伤现状的调查与分析》，中北大学硕士学位论文，2011。

平武术套路运动员普遍存在心理和生理的同步损伤，社会焦虑是运动损伤主要的心理因子，并提出运动损伤干预应"秉持身心一体化和差异化原则，注重身体训练和心理引导紧密结合，有针对性地实施干预"。[①]

竞技武术套路运动员生理生化指标与心理因素也是决定竞技能力的重要组成，然而这一研究领域相对薄弱，研究成果也较少。另外，从竞技能力数据的采集与指标的监控方面展开研究，完善竞技能力评价理论体系，也是未来研究的新内容。

（二）竞技武术散打科学化训练研究

1. 体能研究

体能是散打训练的重要内容，是运动员技战术实施及心理变化的基础，对运动员的竞赛能力起到支撑作用。2011～2016 年散打职业体育蓬勃发展，各类赛事数量不断增加，竞技散打的体能竞争日益激烈。旨在提高比赛激烈程度的新修订散打竞赛规则，对散打运动员的体能提出了更高要求，致使体能训练成为武术研究人员关注的焦点。概览近五年散打体能训练研究，主要聚焦于"运动员人体核心部位力量训练、耐力训练、体能评价模式、运动康复、疲劳与恢复"等研究内容。

在核心力量训练的研究中，人们不仅从理论层面分析了核心力量训练理念在散打训练中的应用，而且运用基础生理实验分析核心力量训练对散打运动员专项技能的影响。研究发现，核心力量训练对于散打专项运动素质、击打力度、鞭腿技能具有显著性影响。研究指出，传统武术的站桩训

---

① 胡立峰：《天津市高水平武术套路运动员运动损伤心理致因调查与干预研究》，天津体育学院硕士学位论文，2014。

练对散打运动员的核心力量具有一定的影响;① 现代核心力量训练效果虽优于传统武术力量训练，但对运动员最大力量的提升不如传统力量训练，应结合西方运动训练方法与传统武术训练的优势②；传统武术的桩功训练和整体运动思想，强调了核心区域的力量训练和整体环节运动链的建立，同样蕴含着核心力量训练和功能性力量训练的理念。③

耐力训练是体能训练的重要组成，也是竞技武术散打训练的研究热点。阴晓林运用国产专项攻击能力测试与评价系统对不同运动等级散打运动员力量耐力、速度耐力进行综合测试和评价。④ 结合现代流行的提升运动员无氧耐力的高原与低氧训练法，夏金凤以北京体育大学散打队 8 名健康男性运动员为研究对象，在模拟海拔 2500 米高度的低氧环境下进行为期 4 周训练，发现训练前后最大摄氧量及最大心率百分比都显著提高，肌氧和脑氧的各项指标均随运动强度的递增而发生相应的下降或升高变化，且 4 周后明显优于急性低氧时；⑤ 陈麒麟则以安徽省 7 名优秀男子散打运动员为研究对象，跟踪测试其在亚高原（安徽石关国家体育训练基地）训练期间及下高原后平原训练期间的部分生理生化指标的变化规律及特点，为散打运动的科学化训练提供了有效的理论依据。⑥

在体能评价研究中，人们应用计算机系统与统计学分析模型尝试为散

---

① Anatoly Goldman：《武术桩功对武术散打运动员核心力量及动态平衡的影响研究》，北京体育大学硕士学位论文，2011。
② 张逸文：《女子散打运动员核心力量训练的实验研究》，上海体育学院硕士学位论文，2011。
③ 李显：《浅析中国传统武术力量训练中所蕴含的核心力量训练及功能性力量训练理念》，《中华武术·研究》2012 年第 6 期，第 94～96 页。
④ 阴晓林、赵光圣：《散打运动员力量耐力和速度耐力评价的实验研究》，《山东体育科技》2013 年第 1 期，第 69～71 页。
⑤ 夏金凤：《4 周低氧训练前后组织氧含量与递增负荷强度相关性的研究》，北京体育大学硕士学位论文，2014。
⑥ 陈麒麟：《亚高原训练对安徽省优秀男子散打运动员部分生理生化指标的影响》，安徽师范大学硕士学位论文，2015。

打运动员体能评价建模。吴云龙运用专家筛选及统计分析，确定了我国男子优秀散打运动员体能核心要素以及各指标的单项评价标准、机能综合评价标准、力量综合评价标准、速度综合评价标准和体能综合评分标准。[①]周维方在运用系统科学方法，从组分界定及结构、训练系统的划分、控制及反馈，对徒手格斗对抗类项群高水平运动员竞技能力核心组分训练理论体系进行了研究。[②]何勇根据"超量恢复理论"与"机能储备"理论，建立"负荷－体能状态"数学模型，了解运动员对运动训练的适应特性及个性化特征。[③]相关研究还有《我国优秀男子散打运动员竞技能力特征及选材标准的研究》《男子散打运动员赛前专项耐力评定手段与训练方法研究》《优秀运动员灵敏性测试与评价研究》《散打运动员体能训练的科学性分析》等。

伤病预防与运动康复是近年竞技散打运动员体能研究的新热点，近年来人们运用流行病学、生物力学对散打运动常见运动损伤及成因进行了分析。余千春等选取 37 名散打运动员及 38 名大学生作为对照组，应用 N－back 测验和中文听觉词汇学习测验（CALT）探讨散打运动对记忆功能的影响，研究结果表明散打对运动员工作记忆、短时记忆、长时记忆均有损害。[④]周同在博士论文中对散打运动员患病率较高的慢性腰痛进行研究，认为摔法和腿法是腰部致伤的主要技术动作，指出慢性腰痛会导致运动员身体姿势控制能力减弱、脊椎稳定性下降。[⑤]另有学者结合多年实践经验，提出急

---

① 吴云龙：《我国男子优秀武术散打运动员体能核心要素构成与评价标准研究》，北京体育大学博士学位论文，2012。
② 周维方：《徒手格斗对抗类项群高水平运动员竞技能力核心组分训练理论体系研究》，上海体育学院博士学位论文，2013。
③ 何勇：《训练负荷—体能状态关系的数学建模》，上海体育学院博士学位论文，2011。
④ 余千春、汪凯、王华锋：《散打运动员记忆损害的神经心理学研究》，《天津体育学院学报》2013 年第 2 期，第 101～104 页。
⑤ 周同：《散打运动员慢性腰痛的研究》，上海体育学院博士学位论文，2012。

性散打性昏厥"采用有节律针刺人中、合谷穴进行急救"的应对方案。[1]

散打项目的高强度对抗性对运动疲劳的恢复提出了要求,2011～2016年研究主要集中于营养学恢复手段的研究。潘兴昌等研究认为在大负荷散打训练时补充不同剂量的小麦肽均可有效减轻肌肉损伤,加速运动性疲劳的恢复,对防止过度训练的发生具有一定作用,其中以补充中剂量（6g）小麦肽的效果最好。[2] 可喜的是,中医方剂的实证性研究成为散打运动恢复研究的新亮点。邹军等研究发现,夏季饮用生脉饮对女子散打运动员有氧能力具有一定的促进作用,对疲劳恢复具有一定的调节作用,可在一定程度上增强机体的免疫力。[3] 以中医医治手段与药物促进运动恢复的相关研究还有《中药金匮肾气丸对散打运动员冬季体能与免疫的影响》《艾灸肾俞穴对男子散打运动员冬训期体能与免疫的影响》《加味"八珍汤"对少年男子散打运动员血睾酮、皮质醇和血红蛋白的影响研究》《补中益气汤加减对11名散打运动员运动性疲劳的疗效观察》等。

2. 运动心理研究

伴随竞技散打水平的日益提高,运动员心理调节能力与认知水平成为研究者关注的问题,在将心理技能训练作为科学训练体系不可或缺的一部分之后,人们从"心理技能与特征心理、应对方式、调节能力、认知特征与人格特征"四方面推进了散打运动心理的研究。

在散打运动员心理状态检测与评价研究中,梁攀攀以 Smith 心理应对技能量表为依据,制定了包括"动机、焦虑控制、认知调控、协作精神、

---

[1] 沈坚、周伟成、许鑫等:《针刺人中、合谷穴在急性散打性昏厥中的应用》,《中国运动医学杂志》2014 年第 9 期,第 921～922 页。

[2] 潘兴昌、胡要娟、谷瑞增等:《补充小麦肽对预防散打运动员发生过度训练的作用》,《中国运动医学杂志》2015 年第 2 期,第 170～174 页。

[3] 邹军、李丽辉、江岩等:《中药生脉饮对女子散打运动员夏训期体能与免疫功能的影响》,《中国运动医学杂志》2012 年第 2 期,第 113～118 页。

集中注意力、自信心、意志品质"等七个维度、共计 36 个题目的《散打运动员心理技能量表》，并以量表实测发现，优秀散打运动员在心理技能上普遍且显著高于一般散打运动员。[1] 刘群分别运用状态—特质焦虑量表（STAI）、艾森克问卷简版（EPQ－RS）、"d2 测试表"对 35 名优秀散打运动员特质焦虑、个性特征与注意集中程度进行了研究，研究发现优秀散打运动员的特质焦虑与注意集中程度显著负相关，注意力集中程度差的运动员可能有较高的特质焦虑。[2]

在应对方式研究中，人们发现运动员的训练年限、赛事经验、年龄与性别差异是影响心理调节能力的主要因素。何颖等运用运动员心理技能和运动员应对方式量表，对备战十二届全运会的四川省高水平散打运动员的运动心理技能和应对方式进行调查，研究结果显示高水平散打运动员的运动心理技能部分维度上存在性别、年龄、运动年限和训练年限差异，而应对方式的回避应对和集中处理在训练年限上具有显著性差异，运动心理技能与应对方式之间存在较为显著的相关性，积极的运动心理技能有利于提高状态自信心，也会采取积极的应对方式。[3] 孙婉停分析了不同类型心理防御机制对散打运动员应激反应的影响，得出的结论是成熟型散打运动员的应对特点是适度宣泄自己的情绪，可以集中注意力解决问题；中间型和不成熟型散打运动员明显表现出无法宣泄自己的情绪，注意力无法集中，常常通过逃避或做其他事情来缓解压力。[4]

在调节能力研究中，卜丹冉等选取 3 名散打运动员，以正念接受为基

① 梁攀攀：《散打运动员心理技能量表的编制》，北京体育大学硕士学位论文，2012。
② 刘群：《优秀散打运动员特质焦虑、个性特征与注意集中程度的研究》，西安体育学院硕士学位论文，2013。
③ 何颖、王祥权、陆秋云：《高水平散打运动员运动心理技能和应对方式相关性研究——以四川队为例》，《成都体育学院学报》2014 年第 2 期，第 54～59 页。
④ 孙婉停：《不同类型心理防御机制对散打运动员应激反应的影响》，沈阳师范大学硕士学位论文，2015。

础，采用多重基线水平的 ABAB 单被试试验设计，检验心理干预对运动员正念水平、接受水平和运动表现的影响。结果表明，3 名运动员的正念水平得到提高，接受水平得到改善，比赛成绩较好地反映了运动员表现水平的提升。① 李生财采用"四维度"注意力训练方法对散打运动员进行了实验研究，实验效果显示该方法能有效提升运动员的注意力水平。② 另有学者利用中医药剂和传统体育养生方法实验干预散打训练与比赛的运动性心理疲劳的恢复问题，先后研究了健身气功·易筋经对散打运动员运动性心理疲劳恢复效果的影响③、甘草泻心汤对散打运动员赛前失眠症的治疗效果等④。

认知特征与人格特征是运动员运动智力水平的表现。在散打运动员认知特征与人格特征研究中，葛瑞选取卡特尔 16PF 量表、PMOS、训练比赛满意感量表对优秀散打运动员的人格特征及赛前心境状态进行分析，得出优秀男子散打运动员人格特征和普通散打运动员及常模之间的差异性，为散打运动员选材及提升运动成绩提供理论参考。⑤ 段延超以沈阳体育学院152 名男子二级散打运动员为研究对象，通过创造急性心算应激源对不同认知风格散打运动员进行应激应对层面的分析，比较心率、心率变异性及应激应对的差异。⑥

3. 技战术运用研究

散打比赛不仅是双方实力的较量，更是技、战术运用的较量。散打技

① 卜丹冉、姒刚彦：《以正念接受为基础的心理干预对散打运动员表现提高的影响——一项单被试试验设计研究》，《天津体育学院学报》2014 年第 6 期，第 534~538 页。
② 李生财：《"四维度"注意力训练对提高散打与跆拳道注意能力的有效性研究》，广西民族大学硕士学位论文，2011。
③ 褚红军：《健身气功·易筋经对散打运动员运动性心理疲劳恢复效果的探究》，上海体育学院硕士学位论文，2014。
④ 胡斌：《甘草泻心汤治疗运动员赛前失眠》，《中国实验方剂学杂志》2011 年第 13 期。
⑤ 葛瑞：《我国优秀男子散打运动员人格特征与赛前心境状态研究》，上海体育学院硕士学位论文，2014。
⑥ 段延超：《散打运动员认知风格对应激的影响》，沈阳师范大学硕士学位论文，2013。

术和战术是相互依赖的关系，战术必须通过技术才能表现出来，而技术动作的使用又必须有战术思维的指导。

在技术研究中，人们运用运动生物力学相关研究方法对竞技武术散打专项技术的动作特征与击打效果进行了研究。其研究对象以鞭腿动作为主，其次是侧踹腿和正蹬腿，拳法研究较少。其相关研究成果有《散打鞭腿动作的运动生物力学分析》《散打后鞭腿击打效果的生物力学研究》《武术散打鞭腿动作二次发力特征剖析》《优秀男子散打运动员鞭腿技术运动学分析及表面肌电特征研究》《湖北省优秀女子散打运动员前侧踹腿技术的三维动、力学特征分析》《二级散打运动员侧踹腿动作技术的运动学分析》《男子散打运动员前正蹬腿动作的生物力学分析》等。

在战术研究中，一方面人们运用观察法、访谈法、数量统计法等，结合全国武术散打的代表性赛事（如全国武术散打锦标赛、全国武术散打冠军赛、全国青少年武术散打锦标赛、全运会散打比赛等）比赛的实际情况，对使用技术动作的战术进行了数理统计与分析，发现决定战术成功概率的关键因素是运动员水平的差异性、战术运动的针对性、技术能力储备，总结了散打技战术的新趋势——腿法使用频率基本不变，拳法使用频率上升；腿法使用频率和成功率统计结果是"鞭腿最高，其次是踹腿和蹬腿"。另一方面个案研究法成为技、战术运用研究新的趋势，不仅有人以敖特根·巴特尔参加十一运会散打决赛为例，对其程序化参赛方案设计进行了实证研究；① 而且也有人对世界冠军黄磊比赛中针对不同对手的技、战术使用情况进行了系统分析。②

① 邵强、李山：《程序化参赛方案设计实证研究——以敖特根·巴特尔参加十一运会散打决赛为例》，《北京体育大学学报》2011 年第 11 期，第 142～144 页。
② 黄磊：《世界冠军黄磊在散打比赛中针对不同对手的战术运用研究》，北京体育大学硕士学位论文，2012。

四 武术赛事研究

武术赛事作为竞技武术发展的必然产物,无论是从赛事的政治、经济、文化效益,抑或是武术文化传播与现代化发展来看,均具重要的理论和实践意义。近几年,武术赛事发展呈现以下特点:(1)赛事种类的多样化发展,专业性、群众性、商业性赛事并存;(2)竞技武术赛事的形式层出不穷、争奇斗艳(见表2);(3)赛事内容的不断丰富,在确定竞技武术套路与散打赛事体系的同时引进国外格斗类赛事;(4)赛事功能的进一步发掘,政治功能、形象功能、经济功能、文化功能多位一体;(5)运作方式更为成熟,在自我探索与"西式东用"的模仿中逐渐成为成熟的运作模式,如郑州少林国际武术节、香港国际武术节、WMA、武林风等。

表 2 竞技武术体制内赛事名录

类型	序号	赛事名称
武术套路	1	全国武术套路锦标赛
	2	全国武术套路冠军赛
	3	中国武术套路王中王争霸赛
	4	全国武术对练大奖赛
	5	全国青少年武术套路锦标赛
	6	全国武术学校套路比赛
	7	全国体育传统项目学校联赛武术比赛
武术散打	1	全国男子武术散打锦标赛
	2	全国女子武术散打锦标赛
	3	全国武术散打冠军赛
	4	全国青少年武术散打锦标赛
	5	全国武术学校散打锦标赛
其他	1	全国武术短兵比赛

武术赛事实践的新探索，为研究者提供了丰富的样本，也激发了武术赛事研究的新热潮。近年来人们从武术赛事发展策略、运营管理与开发展开了研究，取得了一系列成果。

（一）武术赛事发展策略研究

为了促进武术赛事的健康发展，近年来人们聚焦"武术赛事意义和性质、武术赛事目标与路径、武术赛事举办方"等主题，对武术赛事的发展策略进行了多角度、全方位的新探索。

1928 年 10 月，在南京举办的第一次"全国国术考试"，既具浓郁的本土文化色彩，又是现代体育赛事的雏形，是近现代武术发展中具有里程碑性质的历史事件。在武术赛事意义和性质研究中，人们对首次国术国考以及近代武术赛事的回溯与审视后认为，在近代社会精英认识到武术赛事为"民族雄飞之道"后，出现了张之江和褚民谊两位"国府要人"关于竞赛内容"比打（散打）还是比演（套路）"的纷争，[①] 但其历史意义是拉开了现代武术发展的序幕、改善了武术界的传统思想、开启了武术赛事的规范化和科学化、开创了武术社会化传播新模式、促进了现代化武术人才培养、启动了现代武术竞技化生产之旅。

在武术赛事目标和路径研究中，人们的研究结论是，武术赛事应"以愉悦的精神享受和丰富的理论研究为前提""以忘我的参与体验和树立品牌文化为基础""以感性的心灵归属、惊喜的竞猜感受和拓展赛事系统产业为延伸"，[②] 构建"以大众化赛事夯实基础、精品化赛事引领导向、

---

① 戴国斌：《武术：身体的文化》，人民体育出版社，2011，第 171 ~ 189 页。
② 蔡仲林、刘轶：《中国武术赛事现状与路径走向》，《首都体育学院学报》2012 年第 6 期，第 539 ~ 542 页。

市场化赛事激发活力"的发展格局①，将"职业化、品牌化"作为发展目标和路径选择，武术赛事的大众化、职业化、品牌化、商业化发展路径和目标成为共识。

在武术赛事举办方研究中，面对我国全面深化改革——2014 年 12 月 7 日，国务院下发《关于加快发展体育产业促进体育消费的若干意见》（国发〔2014〕46 号），指出要以竞赛表演业为重点，大力发展多层次、多样化的各类体育赛事。同年 12 月 30 日，国家体育总局下发《关于推进体育赛事审批制度的若干意见》（体政字〔2014〕124 号），"除全国综合性运动会和少数特殊项目赛事外，包括商业性和群众性体育赛事在内的全国性体育赛事审批一律取消"。——人们重新审视了武术赛事的未来发展。张君贤、戴国斌指出，"官退民进"是推动武术赛事发展的重要一步，在国家宏观调控下我国武术赛事将由过去以官方主导的综合赛事过渡到对体育和商业两种赛事类型的新探索，并最终形成协会、企业、官方三者共同参与、"体育赛事、商业赛事、文化赛事"共同发展的并存共生赛事发展模式。②

（二）武术赛事运营管理研究

随着近年武术赛事蓬勃发展，人们根据赛事对象或目的将武术赛事划分为群众性赛事、商业性赛事，并对"群众性赛事、商业性赛事、赛事质量和效果的监管"进行了专题研究。

在群众性赛事梳理中人们发现，不论是赛事的种类还是赛事规模、赛事影响其均于武术赛事体系中占有重要的位置。虽然武术的群众性赛事还

① 周虎生：《武术赛事综合效益研究》，武汉体育学院硕士学位论文，2014。
② 张君贤、戴国斌：《我国武术赛事并存共生模式的研究》，载中国体育科学学会《2015 第十届全国体育科学大会论文摘要汇编（一）》，2015，第 1121～1122 页。

存在"过于依赖衍生资源和政府资源，相对忽视了有形资产与无形资产资源的市场开发价值"①、"应科学设置赛事项目内容，凸显民族武术传统的文化特色"② 等问题，但其全国"开花"的良好发展态势中，各地政府着力打造成各自品牌赛事，秉承"赛事搭台、经济唱戏"的运作理念，以赛事举办带动当地社会、经济、文化发展，提升城市影响力与美誉度（见表3）。

表3　群众性武术赛事名录

类型	序号	赛事名称
全国性	1	全国武术运动大会
	2	中国武术段位制国家考试
	3	全国武术之乡武术比赛
	4	全国农民武术比赛
	5	全国传统武术比赛
	6	全国传统武术精英赛
	7	全国武术少林拳比赛
	8	全国武术太极拳公开赛
	9	全国"市长杯"武术太极拳比赛
	10	全国"企业家杯"武术太极拳比赛
地方性	1	中国少林国际武术节
	2	中国·焦作国际太极拳交流大赛
	3	中国四川国际峨眉武术节
	4	中国沧州国际武术节
	5	中国邯郸国际太极拳运动大会
	6	"黄山论剑"国际武术大赛
	7	中国徐州国际武术大赛
	8	上海国际武术博览会
	9	中国广西东盟武术节
	10	厦门国际武术大赛
	11	香港国际武术比赛

① 牛凯：《群众性武术赛事市场开发研究》，武汉体育学院硕士学位论文，2014。
② 李杉杉、李成银、郭丰云：《全国少数民族传统体育运动会武术赛事方案优化研究》，《中南民族大学学报（人文社会科学版）》2015年第5期，第79~82页。

在商业性赛事研究中，人们认为武术产业市场化发展催生出众多商业性赛事（见表4）。武术的商业性赛事，虽然存在着"赛事的持续性较差、规则制度相对保守、比赛观赏性较低、赛事媒体利用不合理、忽略赛事资源开发"等制约因素，但其积极意义是"打破了原有竞技武术赛事沉寂的赛场模式，开启了武术商业化赛事的探索之路"[1]。在商业性赛事之路的探索中，国外体育赛事成功的运营经验成为学者们关注的焦点。不仅可借鉴 NBA 产业俱乐部联盟的组织形式[2]，而且可借鉴 K-1 等西方赛事准确的市场定位、丰厚的效益回报、强大的媒体宣传、精心的赛事包装以及灵活的市场导向战略[3]，顺应市场经济潮流，成立职业联盟[4]，以构建健全的"运行机制、决策机制、管理机制，以及强而有力的监督机制、激励机制、约束机制、经营机制"[5]。

表4 商业性武术赛事名录（n=14）

类型	序号	赛事名称
散打	1	中国真功夫武术散打争霸赛
	2	中国武术散打职业联赛
	3	中国武术散打俱乐部超级联赛
	4	中国武术散打争霸赛
	5	武林风
	6	中国真功夫
综合格斗	1	全国自由搏击锦标赛
	2	全国自由搏击俱乐部联赛
	3	全国泰拳锦标赛

① 吴昊：《我国武术格斗商业赛事发展策略研究》，北京体育大学硕士学位论文，2015。
② 韩小康：《NBA 产业化运作模式对武术产业化发展的启示》，山东师范大学硕士学位论文，2013。
③ 许壮壮：《我国武术格斗赛事与 K-1、UFC 市场化运营的对比研究》，西安体育学院硕士学位论文，2014。
④ 赵蕾：《国内搏击类赛事运营现状及其对策研究》，西安体育学院硕士学位论文，2015。
⑤ 李彦荣：《武术竞技对抗赛事运行机制的研究》，河北师范大学硕士学位论文，2012。

续表

类型	序号	赛事名称
	4	中国 MMA 综合格斗联赛
	5	昆仑决
综合格斗	6	丝路英雄
	7	英雄传说
	8	锐武综合格斗

面对如雨后春笋的武术赛事，人们呼吁加强武术赛事质量和效果的监管。在赛事质量和效果监管的研究中，人们先后提出了"引入项目管理理论重新划分散打锦标赛组成部分[1]，从标准化出发构建武术赛事组织的标准化[2]，依据功能主义理论和体育赛事理论构建武术赛事社会影响力指标要素体系[3]，引用风险管理相关理论构建了赛事风险识别体系[4]"等方案。

（三）武术赛事开发研究

"就经济学角度而言，国内外大型体育赛事的成功举办，将促发一系列相关产业链条的形成和延伸，如体育旅游、赛事运营管理、电视媒体转播、高科技设备应用、场馆赛后开发利用等。"[5] 毫无疑问，武术赛事也会带来诸多社会效益、经济效益与文化效益。近年来，人们不仅研究了武术赛事的文化、社会、经济效益，而且也探讨了武术赛事的传播策略。

关于武术赛事的文化和社会效益人们认为，武术赛事的产业化发展不

---

① 马磊：《我国散打锦标赛赛事组织管理研究》，北京体育大学硕士学位论文，2011。
② 陈新萌、郭玉成：《武术赛事组织标准化发展对策及体系构建——以全国武术锦标赛为案例》，《南京体育学院学报（社会科学版）》2015 年第 4 期，第 32～37 页。
③ 罗磊：《武术赛事社会影响力的构成要素研究》，上海体育学院硕士学位论文，2015。
④ 刘少坤：《全国武术功力比赛赛事风险识别研究》，上海体育学院硕士学位论文，2014。
⑤ 陈颖：《大型体育赛事对我国体育产业上市公司股价指数影响的实证研究——基于网络搜索数据的新视角》，《武汉体育学院学报》2015 年第 1 期，第 29～30 页。

仅是我国文化产业、国家文化安全及文化"走出去"的组成部分，而且也是传承武术文化的有效形式，可促进武术文化的广泛传播、传统武术的"文化空间"的保护，可促进两岸民众的文化认同与文化互动，有助于推动两岸的和平发展①。

关于武术赛事经济效益的研究，人们从武术赛事开发入手，主要集中于无形资产的挖掘与开发。人们认为，武术赛事无形资产与武术文化相关联，是法律赋予的武术赛事主体，不具有实物形态而主要以知识形态存在的独占经济资源，能够为武术赛事主体提供某种权利和优势的资产②。并面对"武术赛事无形资产开发举步维艰，赛事无形资产缺乏有效的保护措施而屡遭侵权"现状，提出"积极培育知名武术赛事品牌、营造武术产业发展的良好环境、重视武术赛事无形资产开发的媒介宣传工作、采取多元化侵权救济手段"③、"加强武术赛事冠名权、转播权和商标权等无形资产的开发"等建议④。

面对借助现代传媒实现武术赛事新发展的武林大会、武林风、WMA等电视武术赛事，人们不仅从传播内容、传播渠道和传播模式三方面对中国武术职业联赛进行了传播学分析，提出"提升赛事关注度，拓展赛事传播范围，增加赛事传播受众"的传播策略；⑤ 而且也从体育赛事与大众传媒共赢出发，将《武林风》栏目视为中华武术和电视传媒成功结合的典型范例、竞技和娱乐相结合开发运作的成功经验⑥。

① 刘成：《闽台武术交流现状及其发展对策研究》，集美大学硕士学位论文，2012。
② 李春龙：《论中国武术赛事无形资产开发与保护》，河南大学硕士学位论文，2007。
③ 杨家坤、张玉超：《我国武术赛事无形资产的开发与保护》，《体育学刊》2015年第2期，第52~55页。
④ 芦芯：《2010年第四届世界传统武术节赛事运作研究》，首都体育学院硕士学位论文，2011。
⑤ 吴萌君：《我国电视体育赛事的传播研究》，江西财经大学硕士学位论文，2013。
⑥ 曹渊：《体育赛事与大众传媒的共赢研究》，郑州大学硕士学位论文，2015。

五 研究展望

回顾过去是为了更好地规划未来。回首 2011～2016 年竞技武术的研究成果，研究质量相对提升，研究手段广泛运用跨学科、实证性研究方法，基础理论研究与生理生化研究比重逐步增加，研究内容以竞技能力为重点和主流。基于完善竞技武术理论体系、深化竞技武术改革的现实，未来竞技武术研究应关注以下三个方面：一是围绕竞技武术体制改革，推进竞技武术管理机制与运行机制研究、竞技武术改革路径研究、运动员保障体系研究；二是从促进竞技武术科学发展出发，加强竞技武术科学化训练体系研究、竞技武术入奥研究、竞技武术生理生化监测研究；三是立足体育赛事体制改革，推进武术赛事开发研究、武术赛事管理体系研究、武术赛事评价量化研究。

文化传承的武术段位制研究

洪浩 吕旭涛 李梦桐[*]

摘 要： 促进武术文化传承的武术段位制研究成为武术研究新热点，人们
也从现状研究、比较研究、推广研究等三方面初成研究体系。现
状研究主要围绕着技术体系、管理机制、考评内容与办法等内容，
比较研究根据韩国跆拳道、日本柔道和空手道的经验提出了相关
建议，推广研究设计了各种路径、发展目标、建设举措。

关键词： 段位制 六进 全民健身 "一带一路"

中国武术段位制是中国武术协会制定并实施的一项促进武术文化传
承、全面评价习武者武术水平等级的制度。自 1998 年由原国家体育运动
委员会颁布实施后，历经 17 年的探索与发展，中国武术段位制促进了武
术文化和武术锻炼方法的有序科学传播，推动了群众性武术活动的开展，
推动了武术运动的发展，推动了全民武术锻炼体系的建立和规范。中国武
术段位制自颁布实施以来尤其是近年来成为武术研究的热点。

一 现状：武术段位制研究初成体系

为传承武术文化，加快武术的社会化进程，以 2007 年全国武术段位制

---

* 洪浩，河南大学教授，公体部主任；吕旭涛，河南大学副教授；李梦桐，河南大学在读博
士生。

工作会议的召开为标志，中国武术段位制启动了新一轮改革。随着《中国武术段位制系列教程》（以下简称《系列教程》）的陆续出版，以及武术段位制相关管理文件的出台，学者们对武术段位制的研究主要集中在武术段位制本体发展研究、比较研究、推广现状研究等方面，并逐渐形成体系。

（一）武术段位制本体发展的研究

段位制的技术系统、管理与考评系统是段位制的本体发展。翁信辉、邱丕相等人提出，武术段位制的管理与制订一方面应站在文化制高点，充分考虑在经济全球化背景下传承与弘扬民族文化问题，提高武术流派的文化魅力，建立起多样化的武术文化权威体系。另一方面应打破单一的评价标准，结合一定的修行年限、年龄、人品、技术、理论及在拳种流派中的贡献等建立综合考核体系，以达到促进生涯学习、终身体育的目的[1]。张江华、刘定一认为，武术与段位制结合首先要解决的是技术的规范化、标准化问题，应分拳种实施武术段位制[2]。袁梦佳认为，入奥的柔道和跆拳道都是以等级制度的形式在国内发展后进入奥运会的，段位制是竞技武术科学发展的支撑[3]。

自 2008 年 5 月起，国家武术研究院聘请百余位有代表性的民间武术传承人和专家学者，创编了以青少年为使用主体、以技术要素为核心、以"练打结合"为模式的《系列教程》。这一系列成果的问世引起学者们的关注，马剑认为中国武术段位制是介于武术运动员技术等级制度和民间传

---

[1]　翁信辉、邱丕相、苏文木等：《武术段位制的指导思想及评价体系》，《体育科学研究》2009 年第 2 期，第 30～32 页。

[2]　张江华、刘定一：《中国武术分拳种实施段位制的研究》，《搏击·武术科学》2007 年第 11 期，第 9～11、14 页。

[3]　袁梦佳：《武术段位制标准化问题探析——从武术入奥的视角》，《搏击·武术科学》2013 年第 10 期，第 11～12、19 页。

统武术传承之间，是针对全体习武者建立的一种由技术向理论方向发展的习武考评"刚性"准则秩序①。洪浩、王靖博认为，武术段位制构建了不同于竞技武术和传统武术的评价体系②。田金龙、邱丕相认为，中国武术的自我分裂导致了套路的蜕变与散打的迷失，而"打练合一"的武术段位制模式可使中国武术回归技术本根，深入中国文化的活水源头，而会对传统武术、竞技武术、大众武术、武术研究等产生一系列深远影响。③张瑞洁认为《系列教程》"打练结合"的训练模式，体现其向传统武术的回归以及对"拳种意识"的强化。④

在对策性研究中，李蕾建议以"既要坚持段位制工作委员会、办公室、考试点自上而下的管理原则，又要保护武术爱好者的积极性和基层武术考试点的创造性"为原则，力争强化各级沟通协作，降低行政成本；⑤聂晓梅等人建议构建"政府—协会—社区共同管理"的模式，适当放权，充分调动武术协会等社会武术团体的积极性；⑥魏丽杰认为，应将段位制工作纳入当地全民健身公共服务体系，以政府和社会共同发展与管理的模式为目标，以武术段位制考试点建设为抓手，形成"以政府为主导，体育和教育主管部门协同，政府与社会团体、高等院校相互促进"的推广新格局。⑦

---

① 马剑：《一种发展武术的准则秩序——基于中国武术段位制运行机制的比较解读》，《北京体育大学学报》2016年第5期，第12~17、23页。

② 洪浩、王靖博：《武术段位制新体系及其学校推广——基于武术与民族传统体育专业建设的视角》，《武汉体育学院学报》2016年第11期，第49~53页。

③ 田金龙、邱丕相：《打练结合技术模式的新探索》，《武汉体育学院学报》2012年第10期，第62~65、81页。

④ 张瑞洁：《从〈武术段位制系列教程〉看武术文化传统回归》，《体育文化导刊》2012年第3期，第130~132页。

⑤ 李蕾：《中国武术段位制标准化发展探析》，《体育与科学》2012年第5期，第96~98页。

⑥ 聂晓梅、刘传勤、宫祥辉等：《从武术进入奥运会备选项目再看段位制的实施》，《当代体育科技》2015年第4期，第204~205页。

⑦ 魏丽杰：《中国武术协会段位制考试点推广模式的研究》，北京体育大学硕士学位论文，2014。

（二）与其他体育项目段位制的比较研究

因韩国跆拳道、日本柔道和空手道凭考评标准清晰的段位晋升制度走出国门、传入西方、成为奥运会正式竞赛项目，中日韩比较研究成为近年来武术段位制研究领域中一个不可或缺的组成部分。

在中韩比较研究中，张继超认为，跆拳道礼仪规范更为严格，强调个人内在修为；技术单一，便于推广和评判；考核时打练结合，规范统一；国家扶持力度大，已进入学校[1]。林大参、张云龙认为，武术段位制应增设段位等级、完善考核内容、改进段位标志、放宽时间年龄限制等改革设想与措施[2]。肖雪建议增加段位级位、扩大晋段时间间隔、改革考核内容、增加基本功、功力考核等[3]。

在中日韩比较研究中，李守培、郭玉成认为，中国武术段位制标准化发展应该以"中国武术＋拳种"的形式命名段位类型，增设晋段的功力测试，从历史叙述、技术设置、文化阐释等方面完善段位制系列教程[4]。

（三）武术段位制推广的研究

在将武术段位制视为武术发展从粗放式向精细化转变之后，人们从社会推广、学校推广与国际推广三个方面展开了段位制推广研究。

1. 社会推广的研究

在武术段位制社会推广研究方面，一方面人们调查了现状问题所

---

① 张继超：《结合跆拳道的发展分析应如何改善武术现状》，《中华武术·研究》2016 年第 6 期，第 55、77～80 页。

② 林大参、张云龙：《跆拳道段位制对中国武术段位制改革的启示》，《首都体育学院学报》2014 年第 5 期，第 445～450 页。

③ 肖雪：《武术与跆拳道段位制比较研究》，《武术科学》2007 年第 8 期，第 6～8 页。

④ 李守培、郭玉成：《中国武术与日本空手道、韩国跆拳道段位制标准化水平比较研究》，《体育科学》2015 年第 8 期，第 86～91 页。

在。聂晓梅等人认为，现阶段段位制参与者主要仍是针对武术工作者而非吸引群众参与，其行政意识大于文化魅力，其技术评价中缺乏对伦理、道德、礼仪考核的详细规定①。康涛指出，武术段位制推广普及中存在着"外动内不动""上动下不动""心动行不动"的现象，影响了武术段位制的全面深入开展②。张春峰在对河南省武术段位制推广现状调查后指出其"考评机构分布不均衡、宣传手段单一、考评和申报次数少、申报程序复杂"等问题③。高明等人指出了山西省武术段位制指导员、考评员存在的"考评项目少、年龄偏大、武术知识结构单一"等问题④。万会珍、骆方成分析了河南省城市社区武术段位制推广存在的"考评机制不健全，考试场点分布不均衡；宣传力度和宣传手段不丰富；武术锻炼居民对段位制的认知度不够，不具考评意识；考评申报程序不便操作，考评标准不够清晰和明确；考评组织网络不健全，缺乏市场化运作"五个方面问题⑤。侯俊、王晓东认为，制约洛阳市武术段位制进社区的因素有"宣传力度不够，专业指导人员少，考评组织难度大"等⑥。

另一方面，人们也指出了段位制社会推广对策建议。李迎雪认为，应发挥媒体与舆论的导向作用，加强对武术段位制出台与实施的宣传，树立

---

① 聂晓梅、刘传勤、宫祥辉等：《从武术进入奥运会备选项目再看段位制的实施》，《当代体育科技》2015 年第 4 期，第 204~205 页。
② 康涛：《刍论中国武术段位制推广普及的"三动三不动"》，《山东体育科技》2015 年第 3 期，第 26~30 页。
③ 张春峰：《论河南省武术段位制推广的可行策略》，《文体用品与科技》2016 年第 2 期，第 75 页。
④ 高明、邱军、陈晋仙等：《山西省武术段位制指导员、考评员培训现状及发展对策研究》，《体育科技》2013 年第 6 期，第 33~36 页。
⑤ 万会珍、骆方成：《河南省城市社区实施武术段位制的现状及对策》，《体育文化导刊》2016 年第 6 期，第 4~7 页。
⑥ 侯俊、王晓东：《洛阳市武术段位制"进社区"的制约因素与发展策略》，《洛阳师范学院学报》2015 年第 2 期，第 98~102 页。

武术段位制良好形象，促进人们对武术段位制的了解和认同①。薛彬运用营销学的原理建议，把中国武术段位制作为一种"商品"销售给广大习练者，从申报条件与考评时间的设定、证书、徽饰和服装的设计等方面不断提高服务"消费者"的能力②。杨运涛建议以三种形式发展武术段位制，增加段位制考核的文化内涵、发动民间武术家在段位制制定和考核上的作用、树立扩大武术人群的出发点。③ 陈倩建议从组织结构体系、教育、服饰和标识的标准化建设推进武术段位制发展④。徐培文、吴剑就浙江省武术段位制工作提出以"以增加入段总人数为工作重心，以增加女性入段人员为目标，以推进武术段位制在行业武术协会的推广"等建议⑤。侯俊、王晓东建议，做好宣传工作，拓展段位制教学的师资渠道，加大政府的扶持力度，加强段位制进社区的理论研究，改进社区段位制的考评工作⑥。

2. 学校推广的研究

在民族文化复兴的时代背景下，作为国粹的中华武术在学校的开展成为重要话题。在教育部于 2013 年 9 月成立全国学校武术联盟，组织全国力量开展"一校一拳、打练并进、术道融合、德艺兼修"的武术教育教

① 李迎雪：《媒体与舆论在武术段位制推广与发展中的宣传作用》，《中国科教创新导刊》2011 年第 19 期，第 107～108 页。
② 薛彬：《营销学视角下"中国武术段位制"的推广研究》，《武术研究》2016 年第 4 期，第 11～13 页。
③ 杨运涛：《当代武术段位制运行的理论研究》，《体育文化导刊》2015 年第 7 期，第 10～13 页。
④ 陈倩：《中国武术"段位制"发展探究》，《中华武术·研究》2015 年第 5 期，第 6～10、29 页。
⑤ 徐培文、吴剑：《浙江省武术段位制发展现状及其策略研究——基于浙江省武术段位制人员结构的调查》，《浙江体育科学》2010 年第 2 期，第 100～102 页。
⑥ 侯俊、王晓东：《洛阳市武术段位制"进社区"的制约因素与发展策略》，《洛阳师范学院学报》2015 年第 2 期，第 98～102 页。

学改革之后①，校园武术的段位制也成为学者们关注的课题。

在段位制学校推广可行性研究中，一方面人们从认识层面进行了研究。洪浩认为，武术段位制与学校武术教学有机契合，有助于解决"教什么，如何教，谁来教"三大问题，可以规范和促进中小学武术教育，是推进中小学武术教育改革与发展的有力驱动②。花妙林认为，传统武术结合段位制能够激发学生对武术的兴趣，培养终身习武意识③。张云龙指出，设立习武通段平台，能有效培育学生的终身体育锻炼意识④。林大参、张云龙对上海市高校武术课程施行段位制教学改革实践的调查研究指出，《系列教程》武德武礼的教育内容，与教育部的德育主旨相呼应；武术段位制的内容体系与宣传主旨符合终身体育的高校体育改革方向⑤。张琦通过问卷调查后提出，体育类高校开展段位制符合高校学生身心变化规律，具有推广和普及的群众基础⑥。另一方面，在实践层面《中国武术段位制系列教程》的学校教学指导方案研究课题组，以长拳、剑术、短棍、趣味武术教程为教学内容，以在校学生为教学对象，在133个教学试验点进行了全国范围的教学试验，以着力解决段位制学校推广的教学程序与方法问题。

在段位制学校推广的现状调查研究中，万会珍、王晓冬指出，现行武

① 赵光圣、戴国斌：《我国学校武术教育现实困境与改革路径选择——写在"全国学校体育武术项目联盟"成立之际》，《上海体育学院学报》2014年第1期，第84~88页。
② 洪浩、王靖博：《武术段位制新体系及其学校推广——基于武术与民族传统体育专业建设的视角》，《武汉体育学院学报》2016年第11期，第49~53页。
③ 花妙林：《构建高校武术"段位制"课程教学模式的研究》，华东师范大学，2006。
④ 张云龙、林大参：《高校实施武术"段位制"教学改革实践研究》，《南京体育学院学报（社会科学版）》2010年第6期，第97~100页。
⑤ 林大参、张云龙：《武术课程〈中国武术段位制〉教学改革实践研究——以上海高校为例》，《武术研究》2016年第9期，第64~67页。
⑥ 张琦：《吉林省体育类高校实施武术段位制的可行性研究》，《体育科技》2015年第5期，第154~155、160页。

术教学内容仍然以单练为主，对练和拆招在教学中重视不够，考评方法也沿用传统的单练考评方式，没有进行武德、对练和拆招的考评。[①] 马光等人认为山西高校的段位制推广存在"领导认识不够，宣传力度不足；师资欠缺，教学效果欠佳；工作交流少，具有指导员资质的人不多"等问题。[②] 鱼芳青等人对陕西省 18 所武术段位制试点学校调查研究发现"师资不足，武术教学内容陈旧，段位制教程未真正走入课堂"。[③] 赵丹认为兰州市高校段位制推广存在着"传统武术文化的认知欠缺，高校推广还停留在顶层设计层面，场地器械师资难以保障段位制教学"。[④] 张学政认为，辽宁省学校武术段位制推广目前存在"主管领导不重视、师资不足、教材可操作性不强、学校对武术课缺乏全面认识"等问题。[⑤]

在段位制学校推广的对策性研究中，茜广孝、丁保玉提出，把武术段位制纳入教学计划内，在教学大纲的保障下，武术院系的专业教师担负起武术段位制的教学工作，推动武术段位制在各高等体育院校内的有序开展。[⑥] 李刚、刘丽建议构建"阳光武术活动"的实践模式，将段位制技术纳入武术课堂，把武术健身操加入课间活动。[⑦] 董金花、傅雪祥认为，应将武德教育贯穿于教学过程，坚持让学生在掌握相关武术理论知识、技术

---

① 万会珍、王晓冬：《高校实施武术段位制教学改革实践研究》，《搏击·武术科学》2015年第 8 期，第 64～65、69 页。

② 马光、阴乃应、林延敏、毛秀磊：《山西省高校武术段位制推广策略研究》，《武术研究》2016 年第 5 期，第 11～13 页。

③ 鱼芳青、郝惠雄、慕润宽等：《陕西省高校武术段位制的发展和推广研究》，《榆林学院学报》2015 年第 2 期，第 46～48 页。

④ 赵丹：《武术段位制在兰州市城关区高校发展的影响因素及对策研究》，《中国民族博览》2016 年第 8 期，第 103～105 页。

⑤ 张学政：《武术段位制在辽宁省学校推广的战略研究》，《搏击·武术科学》2015 年第 11 期，第 43～45 页。

⑥ 茜广孝、丁保玉：《高等体育院校武术段位制的发展对策研究》，《中华武术·研究》2016 年第 7 期，第 68～72 页。

⑦ 李刚、刘丽：《我国校园"阳光武术活动"运行模式研究》，《湖北体育科技》2013 年第 1 期，第 64～67 页。

的同时形成良好的习武行为规范，磨炼学生的意志品质，加强学生的道德行为规范，传承优秀的民族武术传统文化。① 艾泽秀从文化学视角提出建立以"文化传承、武德教育、课程开发"为主题的学校武术段位制推广模式。② 林大参认为，要从加强师资队伍培训、优化教学考评内容、制定激励机制、及时颁发段位证书、合理收取段位考评费这些方面再进行优化段位制在高校的推广。③ 吕旭涛、张慧娟运用层次分析法建议从人员、规划、资金、教练、段位人数、比赛、段位活动、考点资格、受教条件、活动机会、身体锻炼、自我认知提升等12个方面构建中小学武术段位制推广效果的评估体系。④ 晋小洁、周之华则建议将段位制推广与武术馆校发展相结合。⑤

3. 国际推广的研究

随着"掌握中国武术段位制项目的外国友人和开展中国武术段位制的境外武术组织与教学机构正逐步增多，中国武术段位制正稳步走向世界"⑥，段位制国际推广成为研究对象。

一方面，人们研究了《系列教程》的翻译。如周梦诗、佳利、刘行行、陈媛媛、赵江莲分别进行了《〈咏春拳〉第二章第三节至第四节翻译

① 董金花、傅雪祥：《武术段位制教学中的武德教育价值研究》，《中华武术·研究》2015年第Z1期，第100~103、108页。

② 艾泽秀、姚孔运：《中小学武术段位制推广模式与策略研究》，《四川体育科学》2012年第1期，第110~113页。

③ 林大参、张云龙：《武术课程〈中国武术段位制〉教学改革实践研究——以上海高校为例》，《武术研究》2016年第9期，第64~67页。

④ 吕旭涛、张慧娟：《中小学武术段位制推广效果评估体系的构建》，《2015年中国体育科学学会会议论文集》，2015，第1299~1300页。

⑤ 晋小洁、周之华：《段位制推广背景下武术馆校发展策略研究》，《中华武术·研究》2016年第1期，第11~15页。

⑥ 邵世伟、康戈武：《正稳步走向世界的中国武术段位制》，《中华武术》2015年第4期，第18~20页。

报告》①、《〈剑术〉（第二章第五、第六节）翻译报告》②、《〈五祖拳〉第一、二章翻译报告》③、《〈五祖拳〉第三、四章翻译报告》④、《〈杨式太极拳〉（第二章第六节）翻译报告》⑤、《〈中国武术段位制系列教程：形意拳〉第1章及第2章1、2节翻译报告》的翻译研究⑥，而且武术段位制的国际推广也受到学者们的关注。

另一方面，在段位制国际推广对策性研究中，虞定海、张茂林提出，将武术教学融入孔子学院语言学习，并形成孔子学院武术段位制教学推广模式。⑦ 杨祥全认为，武术段位制境外推广主要阵地有孔子学院、各国的协会、中国驻外机构等，主要途径为"开展境外武术段位制项目的展示与介绍，加强武术段位制境外推广骨干队伍培训，建立中国武术段位制境外基地或培训中心，举办不同类型的境外中国段位制培训班、段位制考试或比赛"。⑧ 段永斌、于昕认为应构建"开展境外武术段位制展示、系列巡讲等活动，举办不同类型的境外中国段位制培训班、段位制考试和比赛等活动，加强武术段位制境外中、高段位的培训以及海外武术段位制指导员和考评员的培训，待时机成熟时建立国外考评点"的系统。⑨ 高锋等人对挪威武术段位制的考核标准、考核内容以及相关细则进行了探讨。⑩

---

① 周梦诗：《〈咏春拳〉第二章第三节至第四节翻译报告》，河南大学硕士学位论文，2015。
② 宁佳利：《〈剑术〉（第二章第五、第六节）翻译报告》，河南大学硕士学位论文，2015。
③ 孙彬彬：《〈五祖拳〉第一、二章翻译报告》，河南大学硕士学位论文，2015。
④ 刘行：《〈五祖拳〉第三、四章翻译报告》，河南大学硕士学位论文，2015。
⑤ 陈媛媛：《〈杨氏太极拳〉（第二章第六节）翻译报告》，河南大学硕士学位论文，2015。
⑥ 赵江莲：《〈中国武术段位制系列教程：形意拳〉第1章及第2章1、2节翻译报告》，河南大学硕士学位论文，2015。
⑦ 虞定海、张茂林：《基于孔子学院的武术推广模式研究》，《上海体育学院学报》2011年第1期，第83~87页。
⑧ 杨祥全：《武术段位制境外推广的路径与办法》，《中国体育报》2014年6月26日，第7期。
⑨ 段永斌、于昕：《中国武术段位制海外推广现状及对策研究》，载第十届全国体育科学大会论文摘要汇编，2015，第1467~1469页。
⑩ 高锋、耿兴敏、徐家林、孙文树：《挪威武术段位等级制度太极类考核内容与标准设计研究》，《长沙大学学报》2015年第2期，第139~143页。

二 问题：当前武术段位制研究的不足

虽然，武术段位制已成为近20年学者们关注的研究领域，并在《武术段位制推广十年规划》（以下简称《十年规划》）颁布后成为热点，初成体系。但与《十年规划》要求、相对于武术的其他研究而言，不仅其现状调查重于本体和比较研究的现状亟须改善，而且还需从研究视角的突破、研究方法的创新、研究广度的拓展、研究深度的挖掘上将武术段位制研究推向新高度。

（一）研究广度与深度有待拓展与挖掘

《十年规划》提出，国内外武术段位制推广分别以"六进"（进学校、进社区、进乡镇、进企业、进机关、进军营）和"三进"（进孔子学院、进国际武术组织、进驻外机构）为重点。但现有研究存在的问题，一是多集中于孔子学院武术段位制的推广研究，对国际武术组织与驻外机构如何推广武术段位制的研究成果还很少涉及；二是武术段位制"六进"研究多集中于武术段位制进学校与进社区，对于武术段位制进乡镇、进企业、进机关、进军营的研究还有待开辟。

基于此，武术段位制研究在广度与深度上有待进一步拓展与挖掘。在国际推广方面，要构建武术段位制在孔子学院、国际武术组织、中国驻外机构推广的模式体系，建立武术段位制国际推广模式的评价指标体系，以及保障模式有效运行的对策体系，为各国武术协会、孔子学院以及中国驻外机构推广武术段位制提供有径可循的范式。另外，韩国跆拳道、日本柔道与空手道在实行段位制后成为奥运会项目的事实，促使我们从夯实武术国际传播根基、提高中国武术国际接受度与传播度、关联中国武术锻炼和竞技发展的角度深化武术段位制研究。

在国内普及方面，要坚持以中小学武术段位制推广为重点，加强学校武术段位制师资队伍建设研究，细化研究不同学段、不同群体、不同区域、不同拳种的武术段位制教学内容，深入探讨武术段位制的教学方法，构建学校武术段位制教学体系。同时要建立完善武术段位制全民健身公共服务体系，研究段位武术的健身机理与功效，引导广大爱好者科学进行武术锻炼，发挥武术在全民健身活动中的作用。

（二）研究的视域与方法有待突破与创新

武术段位制推广问题是当前武术段位制研究的主要方向，目前研究的范式多为通过现状调查找出存在的问题，提出解决问题的对策；所采用的方法也多是文献研究、问卷调查、访谈等方法。在段位制推广初期，实为有效的切入点。但随武术段位制实践的发展，需要在研究思路上进行突破。例如，可从供给侧改革的角度探讨武术段位制的技术标准与管理问题，可采用传播学的理论研究武术段位制的社会推广问题，也可基于"互联网＋"分析武术段位制的国际发展问题。同时，在研究方法上也需进一步创新。例如，可借鉴社会学、文化学、管理学、经济学等学科的研究方法，将武术段位制研究向纵深推进。可将社会学的结构方程模型理论运用到武术段位制推广模式评价研究之中，对评价指标体系进行优化。总之，需借鉴相关学科理论与方法，将理论分析与实证研究相结合、定性研究与定量研究相结合，进一步拓展武术段位制研究视域，创新武术段位制研究方法，逐步形成多样化的武术段位制研究范式。

三 研究展望：武术段位制研究新动向

"一带一路"倡议的实施，以及建设"健康中国"的时代需求，为武术段位制推广提出了新的时代使命、带来了新的发展机遇，也成为武术段位制研究的新课题。在新的发展形势下，武术段位制研究呈现以下两个新动向：一是段位制国际推广将在"一带一路"建设中成为新的热点，武术段位制如何促进"民心相通"、促进不同国家的文化理解将成为段位制国际推广研究的新课题；二是段位制社会化发展将在健康中国和"优秀传统文化传承工程"建设中持续升温，武术段位制如何促进不同人群的健康、如何服务于文化传承将是武术段位制健康促进和文化传播研究的新领域。

文化自信的传统体育养生与健康促进研究

石爱桥　刘　聪*

摘　要：　在我国逐渐推进健康中国建设过程中，传统体育养生与健康促进研究从"历史研究、文化研究、传承与教育研究、国际传播与推广研究、健康促进研究"等方面形成研究新热点。第一，从"源流与机制、不同时期发展、历史人物养生思想"推进了传统体育养生历史研究；第二，从"典籍的养生观念、地域特征、武术养生思想、健身气功文化内涵"四方面推进了传统体育养生的文化研究；第三，以全民健身和学校体育为题对传统体育养生的传承与教育进行了研究；第四，从"目的与意义、内容与路径"两方面展开了传统体育养生国际推广的研究；第五，聚焦中老年人群的慢性病以"调查研究、实证研究"为方法推进了传统体育养生的健康促进研究；第六，聚焦老龄化、慢性病、环境污染等世界难题进一步探讨中华传统体育养生的健身机制，围绕"传唱优秀传统文化、强化文化认同、营造健康生活方式"推进传统体育养生发展的载体研究，从"概念史、疾病文化史、医学人类学"的创新性研究中启动中国健康话语和理论的建设是传统体育养生研究的未来趋势。

关键词：　传统体育养生　武术　健身气功　健康促进

---

*　石爱桥，武汉体育学院教授，武术学院院长；刘聪，武汉体育学院在读博士生。

近年来，随着我国经济社会平稳较快发展，人民生活水平显著提升，健康需求快速攀升。我国政府坚持以人民为中心的发展思想、以提高人民健康水平为工作核心，先后颁布了一系列促进人民健康的文件。例如，2013 年国发 40 号文件《国务院关于促进健康服务业发展的若干意见》，2014 年 9 月国家发改委、民政部等 10 部门联合下发的《关于加快推进健康与养老服务工程建设的通知》，2016 年 8 月 26 日中共中央政治局审议通过的《"健康中国 2030"规划纲要》。在我国逐渐确立健康中国发展目标的过程中，传统体育养生与健康促进研究从传统体育养生的历史研究、文化研究、传承与教育研究、国际传播与推广研究、健康促进研究等方面形成了武术研究的新热点。

一 传统体育养生历史研究

传统体育养生历史研究主要在源流与机制、历史发展、历史人物养生思想等方面。

（一）源流与机制

传统体育养生源流与机制的梳理与阐释主要集中在养生理论的源流、技术的形成、文化生产的主体与机制等方面。

在养生理论源流研究中，徐海朋从导引概念的源流研究出发认为，当下"气功、健身气功、导引养生功以及传统体育养生"概念均源自古代"导引"，但"导引"概念的范畴远比"气功"宽泛。与"气功"本质在于生命潜能的开发不同，"导引"是以中医理论为基础，针对不同的疾病进行的功法锻炼，其理论系统、方法多样，技术更加全面。[1]

---

[1] 徐海朋：《导引概念源流考略》，《体育科学》2015 年第 1 期，第 88～92、97 页。

在养生技术形成的研究中，李雪认为中国古代医疗体操最早起源于原始舞蹈，《吕氏春秋·古乐》记载了古人治疗因潮湿而引起关节疼痛的医疗保健舞，具有"动作简单易懂，易于推广""能全面且有针对性地治疗和锻炼身体""广泛运用医学导引与体操运动相结合"的特点。[①] 辛哲认为八段锦是融合中国古代易学、中医阴阳五行、经络学说，并在历史长河中不断验证其祛病延年功效的保健康复体操。[②]

在养生文化生产的主体和机制的研究中，李文鸿认为中国养生文化生产的主体是知识阶层，生产的机制是知识阶层服务"帝王长生、自身修身、大众卫生"的联动发展，是"他人技术、自我技术、权力技术"的合成。[③]

（二）历史发展

近年来，人们对不同时期传统体育养生发展的研究主要集中在先秦、隋唐、宋明三个时期。

先秦是传统体育养生的萌芽阶段，在《诗经》里充斥着"万寿无疆"（《豳风·七月》）、"万寿无期"（《小雅·南山有台》）、"寿考万年"（《小雅·信南山》）等词句。这些诗句不仅表达了人们对自身健康和长寿的期待，而且也催发了养生思想的萌芽。先秦时期，不仅树立了"人贵论"的思想，而且随着生产力水平的提高和物质生活条件的改善，人们开始注重身体健康的重要性，养生成为人们追求的目标。[④] 这一时期，萌

---

① 周脉清：《浅析我国古代医疗体操的起源、演变与发展》，《体育科技文献通报》2015 年第 9 期，第 94~95 页。
② 辛哲：《健身气功八段锦历史发展的审视及其价值实现路径选择》，《沈阳体育学院学报》2015 年第 4 期，第 135~140、144 页。
③ 李文鸿：《中国古代养生的文化生产——以知识阶层为中心》，上海体育学院博士学位论文，2013。
④ 李雪：《先秦时期长安体育文化特征与影响因素研究》，陕西师范大学硕士学位论文，2015。

发了"整体健康的元气体育观",初步形成包括"气一元论生命观,兼修、内省的整体健康观,以和谐、适度为标准的体育养生观"等内容的养生思想系统,[1] 其间典型养生著作——战国时期编纂的包含一百六十多篇的《吕氏春秋》有许多篇章阐发了养生思想与方法,并肯定了"去害""运动"的养生观。

隋唐时期的民族大融合,少数民族剽悍勇猛的精神特质改变了传统中原文化的柔弱气质,步射、骑马、骑射、马球、舞蹈等体育运动方式流行一时,人们开始追求身体健康与精神气质的和谐之美,形成健与美的养生思想[2]。

养生发展到宋代成为独立于传统体育之上的高层次体育,其内养、修为、调理机理、延年益寿之功效,成为养生修习者最为直接的感受。宋朝社会以文治天下,诞生出无数士大夫阶层,他们的养生不仅转向"心性"、呈现"闲、隐"意境,而且催生了大众的生活化养生。这一时期的养生体育具有"注重内外兼修、形神俱佳状态""注重预防和调谐""注重适度运动、量力而行"的特点。[3]

明至近代武术家广泛吸取导引吐纳之功理,促进了武术与气功的交融,晚清几乎所有的武术流派都注重运用内功的方法来提高运气和用气的能力。[4]

(三)历史人物养生思想

在传统体育养生历史研究中,人们探究了历史人物的养生思想。有人

[1] 高明信:《先秦时期民间体育的起源及其演进》,《河南教育学院学报(自然科学版)》2016年第1期,第88~92页。

[2] 付栋:《隋唐时期河洛体育文化思想内涵管窥》,《渭南师范学院学报》2015年第6期,第69~71页。

[3] 史衍:《宋代养生体育的发展演变》,《兰台世界》2015年第3期,第37~38页。

[4] 李永明:《明代至近代武术与气功的结合与发展研究》,《体育文化导刊》2016年第6期,第171~174、182页。

以五行学说对明末杰出的思想家、哲学家王船山养生体育思想的内涵、意义进行分析，通过"气化论、动静论、主动论"为线索牵引出"以理导欲"的养生体育法则，概括其独特的动静、养气、理欲等养生体育思想。① 有人将清初思想家、教育家颜元的养生思想定位于重视技术性知识和下层医者的"实学"。② 有人从近代音乐家聂耳严格的养生保健方案分析其"以身体修炼转移生活压力"的养生保健与休闲体育思想。③

二 传统体育养生文化研究

体育养生的文化研究集中在典籍的养生观念、地域特征、武术养生思想、健身气功文化内涵四个方面。

（一）典籍的养生观念

传统体育养生观源于古代著作，近年来，《周易》《庄子》《老子》《列子》《黄帝内经》等养生典籍成为传统体育养生观研究的对象。

在养生典籍研究中，人们认为《黄帝内经》《道藏》《道德经》《周易》等典籍，不仅引发了传统体育养生的哲学思考，而且也为我国身体保健实践提供了理论指导。其中，《黄帝内经》"天人合一、阴阳对立统一、形神统一"的学术思想成为传统体育养生观的思想源泉，④ 作为道家

---

① 刘建新、杜红政：《五行学说视阈下王船山养生体育思想探析》，《武术研究》2016 年第 2 期，第 112~114 页。
② 尤培建、戴国斌：《试论颜元的武医思想》，《体育文化导刊》2015 年第 8 期，第 184~187 页。
③ 汪雄、陈玉林、陈蓉：《聂耳体育思想的形成与实践》，《当代体育科技》2015 年第 34 期，第 222~223 页。
④ 刑迪：《〈黄帝内经〉对传统体育养生观的影响研究》，《当代体育科技》2015 年第 7 期，第 227~228 页。

典籍的《道藏》表达的对人类生存质量和价值的终极关怀成为体育养生的精神核心，《道德经》"刚柔并济、贵和守中、以静养生"的思想不仅指导了中国人养生的历史实践，也可提高当代人的身体素质和幸福感，《周易》的易变美学以其对生命美学本体论意义的强调影响了中国古代养生之道的发展，具体体现在孔子"游于艺"的乐舞、荀子"动以养生"、老庄以"自然"为核心的体育美学思想等方面。

在传统养生观研究中，人们认为，以老子、庄子、列子、鹖冠子等为代表的道家学派，虽与儒家共同完成了东方"身心一元"的理论阐释，但其身体观自有独到之处。其中，道家身体观在将常人身体视为丢失先天的后天身体之后，从身体文化的策略上重新部署了"由后天到先天"的文化实践，① 形成了"摒弃身体力量的展示与炫耀，主张含而不露的负力无闻；摒弃体育技术细节的执着与纠缠，主张极具写意的入化出神；摒弃运动表现的外在评估，主张基于心理素质的综合考察"② 的身体观，构建了以打坐、静坐、冥想为基本模式的健身活动系统。儒家身体观，在"身心一元"框架下形成"有为、礼制"特色，以及从社会秩序和人伦道德养生入手的修炼新方式。最后，中国养生典籍以"防重于治"理念，形成了"治未病"传统，以及"取像比类、象形仿生、阴阳平衡和道法自然"的特征③。

（二）传统体育养生的地域特征

在传统体育养生地域性研究中，人们从西北地区传统体育文化思想整体

---

① 戴国斌：《武术：身体的文化》，人民体育出版社，2011，第 318~321 页。
② 李有强：《道家身体观及其体育思想的内在超越》，《体育科学》2015 年第 6 期，第 90~97 页。
③ 吴亦铮、陈振勇：《健身养生，还是传统的好》，《成都日报》2017 年 3 月 12 日，第 8 版。

出发，认为西北地区传统体育养生发展具有其鲜明的特征：其一，起源与回族等少数民族和伊斯兰教等宗教密切相关，与中原文化相汇融，形成了以养生、保健、健身、表演为一身的体育文化模式；其二，具有鲜明的宗教色彩和浓厚的道德教化特征；其三，现有的体育形象基本出于壁画、书经之中，而敦煌壁画展现了大量行气术、导引术、按摩术等体育保健养生内容。

（三）武术的养生思想

中华武术蕴含着丰富的养生内涵。一方面，在养生思想影响下武术不仅将技术教学视作治病的过程，而且建构了武术身体文化的"病历系统"，如太极拳的"顶、匾、丢、抗"之病、八卦掌的"入门三害"、武术的"拳家八反"①。另一方面，从"天行健"和"地势坤"出发形成了武术养生的动练与静练的锻炼方式、设立了"内外兼修"的锻炼路径、树立了"神形兼备"的锻炼目标。例如，传统武术的养生实践不仅将练拳视为养生，形成"养练结合、内外兼修"的特点，而且以中医学的阴阳、五行、脏腑、经络等学说为理论基础，以养精、练气、调身为基本要点，成为一种倡导循经练功的体用式肢体活动。换言之，武术养生以保存生命为基点，以保养生命为重点，以体认生命为终点。②

武术与养生关系密切。一方面养生影响了武术发展。针对中国武术的内外兼修特点，人们认为，中国武术尽管有着"内家与外家"之说，具有"少林、太极、八卦、形意"等不同拳种，但它们"都受古代气功影响而有练气的说法"③。这是因为，明末清初的民间禁武，导致武术与养

---

① 戴国斌：《武术：身体的文化》，人民体育出版社，2011，第342～348页。
② 杨祥全：《武术养生基本精神论略》，《体育文化导刊》2017年第1期，第73～76页。
③ 李永明：《明代至近代武术与气功的结合与发展研究》，《体育文化导刊》2016年第6期，第171～174、182页。

生的结合，"养生术开始成为传统武术的辅助训练手段之一"①。另一方面，人们在对养生历史人物"武医结合"的个案分析后发现武术也影响了养生。例如，王礼庭所传《五禽图》具有"以行气与拍打为主要手段，与偏于武术的易筋经功法的体系相近"的"医武结合"之特色②。

（四）健身气功的文化内涵

作为继承与创新之作的健身气功，蕴含着中国养生的文化内涵。其一，健身气功以"天人合一"的养生理念指导着大众的身修、心修和灵修，促进人、社会、自然之间的和谐运作；③ 其二，健身气功动作意象的创作过程可分为"取象寓意""象意交融""象外之意"三个阶段，是意与形、意与神、意与气相统一的整体形象；④ 其三，健身气功具备"心理生命结构"，具有理智、文化上的成分，并且其天人整体观反映在顺乎自然、适应社会、主动调控等具体实践和理论方面；其四，健身气功等传统体育养生具有当代价值，有助于改善人的自然躯体状态，优化人的精神生存质量、多重存在关系，值得在我国乃至世界推广。

三 传统体育养生的传承与教育研究

随着生活水平的持续提高，全民健身已成为人们的一种生活方式。近年来，人们以全民健身和学校体育为题对传统体育养生的传承与教育进行了研究。

---

① 陈丽印：《追溯传统武术养生发展的足迹》，《中华武术·研究》2016年第9期，第28~32页。
② 尤培建、戴国斌：《王礼庭五禽图技术体系初步研究》，《中医学报》2015年第4期，第528~530页。
③ 李增娟：《导引养生功十二法蕴含的中华品格》，《才智》2016年第8期，第199页。
④ 刘利发：《健身气功意象研究》，内蒙古师范大学硕士学位论文，2015。

（一）健身与传承

在多数人集中于全民健身现状研究时，有些研究者从重要性和可行性、思路和途径两方面推进了传统体育养生的传承研究。

在传统体育养生重要性和可行性研究中，人们认为，因武术等传统体育养生"丰富多彩的内容、多种多样的运动形式，可以满足人生不同时期和阶段身体锻炼的需要，不受环境和条件的限制"，而具有推广和普及的基础。它不仅具有健身防身、锻炼意志、培养品德、竞技观赏、丰富生活、增进友谊的功能，而且可"将固有的优秀民族体育文化特质进行延伸，形成养生文明、伦理文明和器具文明，是民族体育生存、传承、文明共享的根本"。

在传统体育养生发展思路和途径研究中，人们认为，当今社会由于经济的快速发展，人们的衣食住行等生活效率显著提高，体育运动锻炼正不断减少，尤其是大关节的运动不足给人们带来了很多问题，须以不偏不倚的"中和运动养生论"和突破常规的"反常态养生论"作为指导思想，整理具有本土色彩、以休闲为核心的全民健身项目体系，营造以"民间推动政府，政府促动民间"模式优化的推广环境。

（二）学校与教育

在人们认识到学校作为传统体育养生发展的阵地作用之后，首先，人们在实践上积极探索养生课程的建设，如天津师范大学从 2005 年起开设了"体育养生课""养生保健课""中华养生文化与保健课""养生功法课"四类课程。[①] 其次，人们对养生课程与教学的现状进行了调查研究。

---

① 徐福景：《天津师范大学体育养生课程设置现状的研究》，北京体育大学硕士学位论文，2016。

他们认为，在为数不多的开设养生课程的高校中，不仅存在着"形式单一，课程性质多为选修课，教学以技术动作为主，多采用'填鸭式'教法"等问题，而且其教学目标的设定均围绕着运动技能，类别上常常作为武术教育类别。最后，人们对传统体育养生教育提出了各自的建议：摒弃竞技体育中的竞争奖励机制、单独归类授课、将传统文化的观念融入体育素质培养之中。

四 传统体育养生的国际传播与推广研究

近年来，随着我国经济实力的不断增强、国际地位的不断提升，以健身气功为主的传统体育养生成为对外文化传播与交流的内容。近年来，人们从目的与意义、内容与路径两方面对传统体育养生国际推广进行了研究。

（一）目的与意义

我国传统体育养生的国际传播，既是提高我国体育文化国际接受度的需要，也是增强中华文化国际影响力的需要。

一方面，传统体育养生的国际传播与推广，"可提升我国体育养生国际化程度和传播影响力，促进中华民族养生观、价值观的文化认同，扩大中华优秀养生文化的国际影响力，折射中国和平崛起的国家形象"。另一方面，传统体育养生的国际传播与推广可丰富孔子学院传播中国文化的方式。近年来，许多孔子学院不约而同地亮出了武术文化这块具有鲜明中国文化特色的醒目招牌。2008年俄罗斯布拉格维申斯克市国立师范大学孔子学院举行的武术表演，2008年和2009年连续两年泰国川登喜皇家大学素攀孔子学院举办了中国武术培训班，2009年喀麦隆雅温得第二大学孔子学院举办太极拳班，匈牙利布达佩斯罗兰大学演出中国音乐与武术文艺晚会，伊朗德黑兰大学孔子学院探索"武术汉语"，挪威卑尔根孔子学院把中国武术作为办学特色而开设太极拳、少年拳及中医养生等课程①。

（二）内容与路径

近年来，人们从传统体育养生国际传播与推广的内容与路径两方面进行了探讨。

在传播内容研究中，人们认为，"深挖健身气功八段锦的文化魅力和技术优势，坚持文化输出与技术输出并轨"②，"只有将完整的文化体系奉献于世界，才能真正展现以整体为特征的中国文化精神。因此，需强化传统体育养生国际传播中的武术礼仪与武德规范"③。

在传播路径研究中，人们认为，"可发挥来华留学生群体对外文化传播和交流阵地作用，推进传统体育养生的国际传播与推广"，"以中华民族传统体育形象大使或代言人提高国际民众对我国传统体育养生文化的接受度"，"以搭建互联网平台拓展传统体育养生的学习渠道、学习方式"，"以趣味性和娱乐性完善传统体育养生纸媒的出版"，"从组织上，有官方组织和民间组织；从活动形式上，有诊疗、培训、修炼、展演、竞赛、评估、论坛大会等；从媒介上，可以采取印刷媒介、电子媒介和新媒体相结合的方式，全方位进行有力推广"。

---

① 朴一哲、杜舒书：《基于孔子学院模式的武术文化国际传播研究——以韩国为例》，《沈阳体育学院学报》2010 年第 2 期。

② 辛哲：《健身气功八段锦历史发展的审视及其价值实现路径选择》，《沈阳体育学院学报》2015 年第 4 期，第 135～140、144 页。

③ 朴一哲、杜舒书：《基于孔子学院模式的武术文化国际传播研究——以韩国为例》，《沈阳体育学院学报》2010 年第 2 期。

五　传统体育养生的健康促进研究

人口老龄化、慢性病负担、环境污染等是中国和世界共同面临的健康难题。近年来，传统体育养生健康促进研究聚焦于中老年人群的慢性病。

（一）健康需求的调查研究

在中老年人健康需求调查中，人们发现中老年人不仅具有较高的健康需求，而且更需要专业性的健康指导。例如，《黑龙江省老龄人口体育保健需求特征研究》研究结果表示，92.3%的老年人以增强体质、养生保健为首要的健身动机，89.2%的老年人都认同体育保健对其健康水平的促进作用，超2/3的老年人需要专业的体育保健、健身指导①。《基于"社区"理念的城市老年人民族传统体育养生研究》认为，南京地区社区老年人体育养生最大需求依然是社区老年人对民族传统体育养生锻炼辅导员、体育养生锻炼场地和设施的需求②。《老年人对体育传统养生功法健身需求的调查研究——以上海市养老机构老年人为例》针对"上海市养老机构的体育锻炼具有一定基础，但缺乏专业指导和伤病康复训练"的现状，建议在养老机构中以政策为导向设置体育指导员，负责伤病体育锻炼康复指导③。王会儒、姚忆则建议，以传统养生体育为载体，构建"传

---

① 袁博：《黑龙江省老龄人口体育保健需求特征研究》，牡丹江师范学院硕士学位论文，2015。
② 徐晓虹：《基于"社区"理念的城市老年人民族传统体育养生研究》，《运动》2015年第8期，第116~117页。
③ 崔燕玲、汪晖：《浅析滁州市社区中老年体育活动方式与身心健康》，《社会体育学》2015年第30期，第179~180页。

统养生体育 + 医疗 + 养老"的老年健康干预模式①。

（二）健康促进的实证研究

近年来，人们从中老年生活质量的提高、功法的健康机制两方面推进了传统体育养生健康促进研究。

在促进中老年生活质量的实证研究中，人们认为，18 周太极柔力球锻炼，可明显提高老年人的睡眠质量，改善心境状态，缓解紧张、愤怒、疲劳、抑郁、慌乱等负向情绪，提升精力、自我情绪等正向情绪，生活的满意感显著提高②；虽然太极拳和广场舞均可提高中老年女性的静态平衡功能，但太极拳效果优于广场舞，另在中老年女性右足单足静态平衡功能优于左足现状中，太极拳在消除左右单足静态平衡功能间的差异方面略优于广场舞。③

在健康机制研究中，人们选择太极拳和健身气功为功法，并在实证研究中认为，太极拳锻炼对人体运动系统、心血管系统、免疫系统、神经系统、物质代谢均有积极作用，将太极拳作为改善人体身心健康的运动处方是可行的，需针对不同疾病、不同个体从练习方式、练习强度与密度、练习时间、不同动作组合的区别对待上优化运动处方④。3 个月的 24 式简化太极拳，可以提高老年女性身体健康总均分（PCS），同时降低体重、BMI 指数、体脂率、安静时心率及血压，减小腰围增加身体平衡性和柔韧

---

① 王会儒、姚忆：《"传统养生体育 + 医疗 + 养老"的老年健康干预模式构建》，《中国体育科技》2017 年第 3 期，第 8～13 页。

② 刘洋：《18 周太极柔力球运动对老年人睡眠质量、心境状态及生活满意感的影响》，《南京体育学院学报》2015 年第 3 期，第 16～21 页。

③ 张阳、金超、袁玉鹏、吴文博、张秋霞、游永豪：《太极拳与广场舞对中老年女性静态平衡功能的影响》，《体育学刊》2017 年第 3 期，第 134～138 页。

④ 王力：《太极拳作为运动处方对人体健康的影响》，《青少年体育》2016 年第 1 期，第 103～105 页。

性（$P < 0.05$）；可使心理健康 10 项因子分的均值全部下降（$P < 0.05$），尤其是强迫、人际关系、焦虑、敌对、偏执、精神病因子均分发生显著变化；其中，24 式简化太极拳锻炼对老年女性心理健康（$P < 0.01$）的积极影响要比对身体健康（$P < 0.05$）的积极影响效果更为显著。[①] 习练太极拳提高中老年女性的核心肌力的作用显著，习练太极拳、导引、木兰拳均能有效改善身体平衡能力，而且对改善膝关节屈伸肌群在慢速状态下肌肉工作能力的效果明显[②]。在每次八段锦练习前后各项生理指标的对比以及两次实验结果中，人们认为健身气功八段锦锻炼对头部、脊椎、五脏六腑的多数指标均有显著性或非常显著性改善，具有放松头部、醒脑，舒展腰椎、颈椎、胸椎的作用[③]。对患有糖尿病的肥胖中年女性 10 周运动干预的结果是，健身气功·八段锦锻炼对练功组成员的代谢综合征相关指标产生了良好的调节作用，表现在体重、腰围、臀围、BMI 和 WHR 等指标与实验前相比都明显下降；练功组在实验后 FPG、TG、TC、HbAlc 和 LDL-C 水平与实验前比较显著降低，HDL-C 水平显著升高，反映出这种体育养生手段可以降低糖尿病的发生风险且能够降低肥胖中年女性血清 RBP4 水平，改善脂代谢，从而提高胰岛素敏感性。[④] 太极拳"五功六法"适合帕金森病（PD）早期患者作为运动干预的辅助疗法，可以促进机体的自稳态调节，实现阴阳自和，发挥其在辅助治疗 PD 方面的作用；太极拳"五功六法"能够提高帕金森病（PD）早期患者的平衡能力和运动能力，

---

① 栾洁：《24 式简化太极拳对老年女性身心健康的干预实验研究——以烟台市为例》山东大学硕士学位论文，2015。
② 田怡然：《绵缓运动不同项目对中老年女性"核心稳定"影响的比较研究》，成都体育学院硕士学位论文，2015。
③ 王炎炎：《健身气功八段锦的经络健身原理探索和实验研究》，扬州大学硕士学位论文，2015。
④ 刘涛、白石、黄悦：《健身气功八段锦对肥胖中年女性糖尿病相关指标的研究》，载《2015 第十届全国体育科学大会论文摘要汇编（一）》，2015 年第 3 期。

起到辅助治疗的作用，但其影响的长效性是有限的，会随着干预停止的时间增长而逐渐减退；太极拳"五功六法"运动干预有利于对帕金森病（PD）早期患者多巴胺（DA）能神经元的保护作用[1]。可见传统体育养生项目对疾病的积极影响不可忽视。

六 研究展望

在"健身中国""中华优秀传统文化传承工程""一带一路"建设中，传统体育养生研究的趋势有三：一是在健康中国建设中，聚焦老年人慢性病、环境污染等世界难题，进一步探讨中华传统体育养生的健身机制；二是在"中华优秀传统文化传承工程"建设中，围绕传承优秀传统文化、强化文化认同、营造健康生活方式，推进传统体育养生发展的载体研究；三是在运用新学科新方法推进传统体育养生概念史、疾病文化史、医学人类学的创新性研究中，启动中国健康话语和理论的建设。

---

[1] 黄豪：《太极拳"五功六法"应用于早期帕金森病辅助治疗的理论与实证研究》，河北师范大学博士学位论文，2015。

文化认同的民族传统体育研究

韦晓康　李金龙　花家涛　钱建东[*]

摘　要：　民族传统体育既是一种地域标志、民族标识，又是一种生存智慧、生活样态，并因其承载文化认同之使命而引发学界持续关注。近年的研究热点聚焦于"历史文化现象、保护传承、产业化发展"等层面。历史文化现象研究主要集中在"起源和发展历程、文化成因、特征价值及功能"三方面，保护传承研究集中于"生存空间、保护、传承（播）"三者，产业研究从"内涵、开发、支持体系与战略"等展开系列探索。最后，站在健康中国、文化中国、世界体育、人类休闲的高度，突出其活态性、记忆性、共享性等价值的挖掘，推进其创造性转化与创新性发展，是未来学术研究的重大命题。

关键词：　民族传统体育　历史文化　保护传承

民族传统体育是一个民族历史积淀的文化心态反映，是该民族社会生活的组成部分。近代以来，学界经历"土洋之争""新体育"大讨论，实现了民族传统体育由狭义到广义的认知转型。新中国成立后，民族传统体育成为体育的一个专业、体育学的一个学科。1997 年国务院学位委员会

---

*　韦晓康，中央民族大学教授，中央民族大学体委副主任；李金龙，山西大学教授，体育学院副院长；花家涛，安徽师范大学副教授；钱建东，新疆师范大学讲师，民族学与社会学学院在读博士生。

和原国家教育委员会将"民族传统体育学"作为一级学科体育学下属的四个二级学科之一，并形成以武术为主体，包括传统体育养生和民族民间体育在内的学科体系。2012 年《普通高等学校本科专业目录》又将其本科专业名称调整为"武术与民族传统体育"。在学科建设和人才培养上形成了本科、硕士研究生、博士研究生三个层次。近年学术研究对其历史文化、保护传承、产业化发展等关注度较高。为聚焦和深化研究对象，本报告论及的民族传统体育不涉及武术。

一　历史文化现象研究

民族传统体育在历史时空中，历经纵向积淀和横向交融，凭借独特的文化成因，赋予自身个性文化内涵，呈现多元特征、价值和功能。

（一）起源和历程研究

中华民族顺应自然、改造自然、改造自我的社会生产实践活动，奠定了民族传统体育的起源，构成了民族传统体育形成和发展的基础。

1. 历史溯源研究

民族传统体育伴随着人类社会发展而萌生，深受社会制度、生产力和生产关系等的影响，使其起源具有实用主义倾向，对此学界形成了五种鲜明观点。一是生产劳动和生活节律说，如鄂温克滑雪源于林海雪原游猎，[①] 赫哲族"叉草球"是河里叉鱼劳动生产的陆上训练[②]等。二是军事

---

① 顾桃：《鄂温克人最后的游猎生活》，《神州》2003 年第 Z1 期，第 76～79 页。
② 崔小良、吴涛、张海等：《赫哲族体育旅游产品开发研究——以"叉草球"为例》，《商场现代化》2016 年第 24 期，第 112～113 页。

训练说，如"春搜、夏苗、秋狝、冬狩，皆于农隙以讲事也"（《左传·隐公五年》），表现出浓厚的祭祀和军事气息。三是原始信仰崇拜说，巫舞被学界普遍认为是最古老的原始体育形态之一。四是种族繁衍说，如维吾尔、哈萨克族的"姑娘追"，壮族的"抛绣球"，苗族的"跳月"等，构成了爱情、婚姻的叙事脚本。五是经济活动说，如有"侗家橄榄球"之称的"抢花炮"，代表着民众互市仪式。

2. 形成基础研究

从地理环境来看，中国属于半封闭性质的内陆国家，适宜的温度、平坦的地势和肥沃的土地，形成了中华民族以农耕经济为主、农牧渔业并举的经济格局，赋予中华民族传统体育重伦理秩序的特质和以德为本的价值追求。学界认为独特的地理环境和社会结构及其塑造的人文生态，共同构成了中华民族传统形成的深厚土壤，并形成了三种代表性观点。一是自然经济说，认为单一农业经济结构和生产生活方式影响了民族传统体育的形成，如黎族、苗族"跳竹竿"运动是当地居民与竹子长期打交道练就的一种在竹子之间穿梭、跨跳的技巧。① 二是宗法血缘社会说，认为古代"重农抑商"的政治、"以农立国"的社会、血缘伦理的宗族生活方式等影响了民族传统体育，如春节的舞狮、端午的划龙舟以及行业中"传儿不传女"等深受上述因素影响。三是精神生活与哲学说，认为一方面"万物有灵论"的原始思维，促使民众在娱神、娱人、自娱的转变过程中生产出众多民俗体育②，与休闲娱乐相关的中国古代捶丸在"由步打到棒击"技术变化的同时也有由"宫廷到民间"的发展③。另一方面，"气一

---

① 宗雪飞、于浩飞：《黎族跳竹竿的社会变迁及未来展望》，《沈阳体育学院学报》2007 年第 6 期，第 126～128 页。

② 钟敬文：《论娱乐》，《浙江学刊》1999 年第 5 期，第 92～95 页。

③ 崔乐泉：《中国古代捶丸发展与演变的考古学观察——兼及古代体育史有关研究方法的思考》，《体育学刊》2017 年第 1 期，第 58～63 页。

元论"和"天人合一"等古典生命哲学影响古人的健康观和方法论，形成了具有东方色彩的五禽戏、八段锦等功法。

3. 历史发展研究

民族传统体育演进与社会文明进步程度相适应，呈现多因素、多序列乃至多层面的动态发展过程，历经古代内部自在发展、近代冲击回应发展和现代复兴发展三个阶段。首先，古代内部自在发展，大致可概括为"先秦初创，秦汉丰富，唐宋内在转型，明清式微"的发展历程①。其次，近代冲击回应发展，西方体育携手西方文明（文化）涌入中国，涵化了本土体育形态，"德先生"、"赛先生"、fair play 等成为圭臬，加速了本土体育形式和内容萎缩。最后，现代复兴发展，新中国成立以来，民族传统体育历经初始阶段（从新中国成立至 20 世纪 60 年代初）、停滞发展阶段（从 20 世纪 60 年代初至 1978 年）、改革发展期（从 1978 年至 20 世纪 90 年代初）、改革深化期（从 20 世纪 90 年代中后期）之后，步入 21 世纪，以融入休闲生活，适应现代性方式，迎来复兴发展期②。

（二）文化成因研究

民族传统体育多样性是中华民族多元文化影响之果，且从物质、制度、精神三个层面反映文化传统精髓。

1. 多样性研究

学界认为文化多元和民族多样塑造了民族传统体育的多样性。多元文

---

① 倪依克：《论中华民族传统体育的发展》，《体育科学》2004 年第 11 期，第 54～61 页；曾于久：《民族传统体育概论》，人民体育出版社，2000。
② 余丽容、罗川：《从文化回归的视角看中国传统射箭运动的复兴——读徐开才〈射艺〉有感》，《武术研究》2016 年第 6 期；白永正：《文化视域下我国民族传统体育发展的文化走向》，《北京体育大学学报》2016 年第 4 期，第 34～38 页；饶远：《民族传统体育发展的前景与路径》，《思想战线》2016 年第 4 期，第 32～32 页。

化构成了民族传统体育的精神血脉，多样民族构成了民族传统体育的空间骨架，呈现浓郁的地域性、民族性、生产性、生活性、封闭性、认同性、娱乐性等特性。

2. 文化内涵研究

民族传统体育文化内涵体现在物质、制度、精神三个文化层面。人们首先认为物质文化是文化的一种载体形式，是人类在适应、改造与创造环境过程中，不断地将实践认识物化于各种物质制品之中，形成运动项目、运动器材、器械及设备、体育服饰、体育书籍、体育象征物以及雕塑、壁画、出土文物等物质文化，如龙舟由船体、龙头、龙尾构成。此外，还有各种装饰及锣鼓等。其次，认为体育制度文化包括管理体制和一些具体的政策、制度等，它是人们的行为规范，具有极强的权威性，可以强化和扩展与之相适应的思想观念意识，对体育文化整体具有规定性。从历史来看，不同历史时期民族传统体育一方面存在体制差异，① 另一方面存在"重文轻武，崇文尚柔""等级性与非竞争性"等体制共性。② 最后认为精神文化是文化的核心、灵魂，是不同类型文化的标志。它居于文化结构的内层，是最稳定、最保守的层面，表现为重教化、讲等级，追求人与自然的和谐与统一，群体价值本位，重功利、轻嬉戏，以柔、静为美等文化肌理。③

3. 文化成因研究

民族传统体育文化的发生、发展和成熟深受传统文化影响，表现在道德观、血缘家庭生活方式、"和为贵"思想、传统哲学观念、传统审美意

---

① 池强、郑永成、潘佳彬：《新的历史时期民族传统体育文化发展断想》，《河北科技师范学院学报（社会科学版）》2010年第2期，第73～76页。

② 王志强、孙自金、陈栋：《论文化视野下的民族传统体育发展观》，《青春岁月》2012年第2期，第324～325页；姜勇：《武将家族与北宋政治》，北京大学，2012。

③ 白晋湘：《民族传统体育文化学》，民族出版社，2004；周伟良等：《中华民族传统体育概论高级教程》，高等教育出版社，2003；胡小明等：《民族体育》，广西师范大学出版社，2000。

识、宗教思想、传统的思维方式等多个维度。第一，道德观影响，人们认为"君子无所争，必也，射乎？揖让而升，下而饮，其争也君子"（《论语》）。"君子之争"礼制思想奠定了体育比赛中伦理道德观，形成了"寓教于体，寓教于乐"的竞赛模式，如唐代木射，将"仁、义、礼、智、信、温、良、恭、俭、让"作为取胜标记。[①] 第二，血缘家庭生活方式影响，人们一方面认为传统社会中血缘家庭生活方式潜移默化地影响着中国传统体育。[②] 另一面认为以"礼"为核心的等级制度规定了体育开展形式，如西周的射礼，不仅有大射、宾射、燕射、乡射之分，而且对不同等级身份的人所使用的弓箭、箭靶，伴奏乐曲以及司职人员等都有严格的区别与规定。[③] 第三，"和为贵"思想影响，人们认为"礼之用，和为贵"（《论语·学而》）、"喜怒哀乐之未发，谓之中；发而皆中节，谓之和"（《中庸》）等文化基因，养成了民族传统体育推崇"整体"与"和谐"的传统文化观。第四，传统哲学观念影响，人们认为"天人合一"思想是民族传统体育文化的基础。第五，传统审美意识影响促使民族传统体育形成了注重形体美和内在意蕴的审美追求。第六，宗教思想影响，弗雷泽在《金枝》中曾将人类思想方式发展提炼为"巫术—宗教—科学"公式，民族传统体育文化与宗教有着密切关联，如彝族荡秋千源于纪念星神，早期"密枝节"和"火把节"中的摔跤是为了娱神、祭招、求雨、攘灾[④]

---

① 万德权：《中日传统体育文化的碰撞和交融》，《阿坝师范高等专科学校学报》2005 年第 3 期，第 106～109 页。

② 王斌：《礼文化对中国传统体育发展的影响》，《上海体育学院学报》2004 年第 5 期，第 44～46 页。

③ 胡新生：《西周时期三类不同性质的射礼及其演变》，《文史哲》2003 年第 1 期，第 112～117 页；戴国斌：《从狩猎之射到文化之射》，《体育科学》2009 年第 11 期，第 79～84 页；戴国斌：《武术的文化生产》，华东师范大学，2008。

④ 盛昌繁、潘华：《我国民俗体育的特征及其开发研究》，《西南师范大学学报（自然科学版）》2009 年第 3 期，第 114～118 页；毕晓东：《男人的节日彝族密枝节》，《中国民族博览》2000 年第 4 期。

等。第七，传统思维方式影响，人们认为一是整体性思维，如龙舟竞渡具有天人合一、天人感应和天人相通取向。[①] 二是直觉性思维，形成了顿悟、渐悟修行方式。三是内向性思维，以内求外，形成了借助"意念""灵性"等调身、调心、调息等观念。

（三）文化特征、价值、功能研究

民族传统体育在历时性发展过程中，深受中华文化生态浸润，呈现共性的特征表征、一致的价值追求和类似的功能发挥。

1. 文化特征研究

民族传统体育的文化特征具有多元性，人们将其概括为六个方面。第一，中华民族作为一个自在实体，赋予了民族传统体育民族性特征，民族性作为群体品格强化了民族认同感，如蒙古族的那达慕大会、白族的人拉人拔河、苗族的接龙舞等。第二，中华文明源远流长，赋予了民族传统体育文化性特征，其中"礼"文化不仅是"中国的核心思想"，也是民族传统体育的"核心思想"。第三，休闲与游戏作为人类生命不可或缺的旋律，赋予了民族传统体育娱乐性特征，通过"娱人"和"娱神"的身体参与，实现了精神的升华。第四，联合国教科文组织在《世界文化多样性宣言》中指出，文化在不同的时代、不同的地方，具有不同的表现形式。文化多样性也决定了民族传统体育的多样性。第五，"一方水土养一方人"的空间地理，"百里不同风，千里不同俗"的社会人文，赋予了民族传统体育鲜明的地域性特征，有"南舟北马""南方

---

① 韦晓康：《龙舟竞渡运动的起源》，《体育文化导刊》2002 年第 1 期，第 45～46 页；王凯珍、胡娟、杨风华：《我国龙舟竞渡发展研究》，《体育文化导刊》2010 年第 3 期，第110～113 页；裴孝成、吕韶钧：《从"竞"母题探龙舟竞渡》，《河北体育学院学报》2016 年第 1 期，第 89～92 页。

尚智巧，北方尚勇力"之别。第六，美国文化学家爱尔乌德在《文化进化论》中指出："文化是由传递而普遍遗留下去的，是一种累积的东西。"① 揭示出民族传统体育传承性特征，物质和非物质文化构成了传承的两个维度。

2. 文化价值研究

按照价值是客体满足主体需要的属性命题，民族传统体育文化价值就在于它满足人性发展需要。学界从五个方面对其进行了提炼。一是历史价值，为人们展示历史的风貌和再现时代的印迹，成为历史的风向标、时代的晴雨表、社会的温度计。二是人文价值，侧重于礼乐教化。三是社会价值，是人的社会性、群体性的反映，社会组织机构与制度往往会利用其来达成各种目标，进而实现中华民族传统体育的社会价值。四是审美价值，民族传统体育是一个审美实践活动，是一种资深魅力活力体现，是一个民族美的载体。五是健身价值，民族魂是建立在体健基础上的气象表达，形成了整体健身观、直觉体悟健身观、注重养练结合健身观和注重时间特征的健身观。

3. 文化功能研究

马林诺夫斯基和布朗等功能主义代表人物，强调构成要素对整体有机调适。反映在民族传统体育领域，人们提炼出了五种功能观。一是文化传承观，以互动体验为媒介，深化身体的体知认知，养成群体一致的行为方式，维系着群体或民族的文化心理。② 二是人文教化观，通过教育与感化、塑造和完善人格，在自觉或不自觉中贯穿生命始终。三是健身娱心观，通过"体"和"育"实现净化心理、增强体质的同时。四是精神激

---

① 〔美〕爱尔乌德：《文化进化论》，钟兆麟译，世界书局，1932，第 11 页。
② 钟敬文：《民俗学概论》，上海文艺出版社，1998，第 30 页。

励观，张岱年先生曾指出，文化传统是民族精神之根。① 民族传统体育作为弘扬民族精神的重要手段，起着增强民族自信心、自尊心、自豪感的功能。五是民族凝聚观，民族传统体育具有整合力，能够培养认同感和亲和感。

二 保护传承研究

20 世纪 80 年代中期以来，经济一体化及文化全球化加速，民族传统体育在加速过程中因过度异化而得以唤醒，引发高度文化自觉，保护和传承成为学界关注热点。

（一）生存空间研究

从全球视角来看，文化多元性、全球一体化、文化融合性等构成了宏观文化生态。民族传统体育生存其间砥砺前行。

1. 文化多元性

吉尔兹（Clifford Geertz）的"地方性知识"是建构文化多元化的重要基础。人们认为文化多元性首先为人类文化多方向、多层次、多方式发展提供了理性思考。② 其次为重构文化自觉和自信提供了范式。最后为通过文化采借而实现文化交融、涵化开辟了道路。

2. 全球一体化

英国学者约翰·汤林森将文化边界式微、网络化覆盖、现代化普及

---

① 张岱年：《民族寻根与文化传统》，《寻根》1994 年第 1 期，第 4～5 页。
② 陈青：《全球化与中华民族传统体育传承和保护》，《天津体育学院学报》2008 年第 3 期，第 200～203 页。

等命名为"文化帝国主义",形成全球一体化思想。①学界对民族传统体育全球一体化的认知形成了传统保守观②、折中发展观③和现代化发展观。④

3. 文化融合性

民族传统体育是在文化传统之"源"基础上形成的"流"。近代以来,融合之势遍布器物、制度、意识多个层面,作为动态的"流"至今仍在多元文化融合中前行,如何保持本色的有效融合成为时代话题,应结合国家认同的原则、制度、方向、动力,围绕"民族性、文化性、传统性、健身性",推动民族传统体育的发展⑤。

(二)文化遗产保护研究

民族传统体育因具有"活态性",被列为非物质文化遗产,成为保护的对象。学界对遗产保护的关注集中在保护现状、保护原则两个方面。

1. 保护现状研究

在国家政策层面,2004 年全国人大常委会批准通过《保护非物质文

---

① 汤林森:《文化帝国主义》,冯建三译,上海人民出版社,1999。

② 倪依克、胡小明:《论民族传统体育文化遗产保护》,《体育科学》2006 年第 8 期,第 66 ~ 70 页;王岗:《民族传统体育发展中的问题:文化模仿》,《体育科学》2006 年第 7 期,第 71 ~ 74 页。

③ 罗正副:《文化采借转换、涵化整合与草根力量——汉族与布依族神牌的比较人类学探析》,《贵州大学学报(社会科学版)》2008 年第 3 期,第 73 ~ 78 页;白晋湘:《弘扬中华民族传统体育丰富世界现代体育宝库——民族传统体育研究述评》,《北京体育大学学报》2001 年第 4 期,第 433 ~ 435 页。

④ 李贺:《全球文化背景下民族传统体育发展的思考》,《山东农业工程学院学报》2016 年第 8 期;白晋湘:《民族传统体育的现代化与现代化中的民族传统体育》,《体育科学》2004 年第 1 期,第 65 ~ 67 页;田祖国、白晋湘、钟海平:《民族传统体育文化现代变迁与发展研究》,《体育文化导刊》2003 年第 4 期,第 11 ~ 13 页。

⑤ 王纯:《民族传统体育发展的问题、使命与取向——基于民族国家建设视角》,《上海体育学院学报》2017 年第 3 期,第 64 ~ 68 页。

化遗产公约》，2006 年公布了首批国家级非物质文化遗产名录（共计 518 项），2008 年文化部发布了《国家级非物质文化遗产项目代表性传承人认定与管理暂行办法》，2011 年十一届全国人大常委会第十九次会议表决通过了《中华人民共和国非物质文化遗产法》。同年，国家体育总局出台了《中国体育非物质文化遗产保护与推广管理办法》，2012 年文化部颁布了《关于加强非物质文化遗产生产性保护的指导意见》等。制定了"保护为主、抢救第一、合理利用、传承发展"的工作方针，规划了"国家＋省＋市＋县"四级保护体系。在学术研究上，在经历普查（1949～1979 年）、先行试点和抢救濒危（1980～2002 年）、全面展开和重点保护（2003～2010 年）、补充完善和健全机制（2011 年至今）四个阶段的争鸣之后，①开始理性思考"以人为本"保护、健全法律法规、保护与发展协调等保护策略，并认为其研究之转变表现为"研究定位从研究边缘向研究中心，研究技术从单一学科向交叉学科，研究方法从文献整理向田野实证，研究思维从国家逻辑向历史逻辑，研究视角从项目中心向生态中心，研究内容从外造秩序向内生秩序"②。

2. 保护原则研究

民族传统体育保护讲策略，也讲原则。学界提出了一系列保护原则。一是本真性，主张将文化遗产真实地、完整地传下去，既是对本体的尊重，也是我们的责任。二是整体性，主张从器物、制度、意识等文化构成到人文生态、地理生态等统筹把握。三是解读性，认为民族传统体育的思

---

① 白晋湘、万义、龙佩林：《探寻传统体育文化之根 传承现代体育文明之魂——非物质文化遗产视角下民族传统体育研究的述评》，《北京体育大学学报》2017 年第 1 期，第 119～128 页。

② 白晋湘、万义、龙佩林：《探寻传统体育文化之根 传承现代体育文明之魂——非物质文化遗产视角下民族传统体育研究述评》，《北京体育大学学报》2017 年第 1 期，第 119～128 页。

维方式、心理图式和价值观念具有时空性特征，从服务于当下社会发展命题入手，有必要通过过滤、整合进行现代性解读。四是持续性，认为可持续性是项目内在生命力体现，是外在传承力表现。五是传习性，是确保民族文化永恒发展，群体自觉融入的动力。六是主体性，强调在"活体"传承与"活态"保护之中生存与发展，发挥传承主体与保护主体的能动性。七是信息性，运用现代科技手段，弥补口传身授的局限性，构建数字信息资源库。

（三）传承与传播研究

学界梳理保护现状，提出保护原则，最终是为了实现传承、传播。传承和传播可以相互促进，学界围绕传承和传播形成了一批研究成果。

1. 传承研究

传承指的是历时性纵向传授和继承。学界认为，传承空间涉及三个。首先，家庭传承是以"子承父业"的形式，代代相传。其次，学校传承可追溯至商周"六艺"之学。汉代学校有"经学"和"辞赋"，唐代实施武举制等，清末民初诞生了专门的会社，中华人民共和国成立后建立了学科和专业。当前课程、教材、师资、训练竞赛、效果评价等广受关注。最后，社会传承多以师徒关系、民俗活动等形式展开。传承内容包括器物、制度习性、精神文化三个层面。[①] 传承影响因素有内因、外因之说。其中，内因一方面是生产生活方式的变迁及后物欲时代的来临，引发消费观念和结构转变，[②] 另一方面是主体参与意识的式微、开放意识的滞后、

---

① 齐超：《割裂与重构——民族传统体育传承的反思》，《体育学刊》2016 年第 1 期。
② 唐明：《基于社会资本理论的少数民族传统体育文化传承发展研究》，《沈阳体育学院学报》2016 年第 1 期，第 135~139 页。

开发意识的空白致使传承低效。① 外在因素，一方面是西方强势文化惯性的冲击，另一方面是政策法规等滞后。

2. 传播研究

传播表达的是共时性横向散播和普及。学界将传播划分为境内和域外两种模式。两种模式传播途径相似，涉及商务活动、经贸往来、文化交流、文艺演出、体育竞赛、体育表演等。② 跨地域、跨文化传播能够有效强化文化认同。虽然当前存在传播手段原始性、传播渠道单一性、传播热度虚高性等诸多问题，但强化域外传播是中华民族传统体育长期开展的一项工作，中国古代捶丸于唐宋以来借中外水陆的畅通在东亚和欧洲得以传播③。

三 产业化发展研究

随着我国经济社会的快速发展，民众多样化文化消费需求的增长，文化产业蓬勃发展。2014 年 10 月 20 日，国务院下发了《关于加快发展体育产业促进体育消费的若干意见》（国发〔2014〕46 号），吹响了民族传统体育产业化发展的号角。学界从产业内涵、产业开发、运作模式等方面展开系列研究。

（一）产业内涵研究

民族传统体育产业属于第三产业范畴，学界围绕概念、分类及特征等

---

① 周维萍：《从非物质文化遗产保护的视角看江西永新盾牌舞蹈的传承与发展》，《视听》2015 年第 12 期。
② 周忠民：《浅谈先秦秦汉时期的中外文化交流》，《西江月》2013 年第 26 期，第 164 ~ 165 页。
③ 崔乐泉：《中国古代捶丸对外传播研究》，《上海体育学院学报》2017 年第 2 期，第 1 ~ 6 页。

展开讨论。

1. 概念研究

概念是科学认知的逻辑起点。学界通过三种关系比较厘清了民族传统体育产业内涵。首先是体育产业与民族传统体育产业，有重收益、讲效益、提高国民素质、振奋民族精神的共性，又有体育消费和文化消费的双重性。其次是文化产业与民族传统体育产业，民族传统体育文化是历史发展中创造和发展起来的身体运动形式，是文化产业的一部分，但又以其运动消费的品质与特性而与文化产业相区别。最后是旅游产业与民族传统体育产业，认为前者是为旅游者提供旅游活动中所需要的产品和服务，是以旅游活动为中心而形成的综合性产业，是民族传统体育传承、保护与发展的重要途径。如湖南张家界开发的"魅力湘西"，云南丽江打造的"印象丽江""丽江千古情""纳西古乐"，湖北武当山开发的武当山道教养生产业等，无不围绕民族传统体育展演与体验展开。

2. 产业分类研究

学界以产业特点及产品性质为标准，划分为六种类型。一是健身娱乐产业，提供技术、场地、器械服务或组织供消费者消费。二是竞赛表演产业，向社会提供各种高水平的民族传统体育竞赛与表演活动产品。三是用品制造业，提供体育活动所需物质产品的行业，如服装、鞋帽、器材、药品、饮料、体育场馆设施。四是培训产业，以技术辅导、健身咨询、竞赛组织培训为主。五是旅游业，以亲历互动体验为主，如彝族的"火把节"、回族的"开斋节"、藏族的"望果节"、壮族的"三月三"、侗族的"花炮节"等。六是其他相关产业，指与民族传统体育密切关联的信息业、出版业、传媒业、广告业、经纪业，等等。

3. 产业特征研究

民族传统体育产业既有体育产业的共性，又有自身个性。学界将个性总结为三个方面。首先是文化产业化，强调人们精神文化需求，注重经营包装，形成"体验经济"①"内容经济"②"创意经济"③等。其次是体力密集型属性，不同于单一劳动力投入，重视大规模体力与技能的投入。最后是环保绿色，以低成本、低消耗、低污染著称，具有再生优势。

（二）产业开发研究

做强做大民族传统体育产业，不仅需要相关产品生产，进行市场精准定位，而且还需要完善开发流程，确保产业的有机运行。基于此，产品、市场、开发等成为学界关注热点。

1. 产品特性研究

民族传统体育产业中产品是其抓手，具有独特使用价值或特殊效用。学界将其概括为四个方面特性。一是文化生态性，表现为生存的自然环境、生产方式、宗教信仰、风俗习惯等多位一体的圈层文化及整体配置。二是产品无形性，异于物质性消费，表现为参与体验的精神消费，重在身心体悟。三是生产消费同步性，认为生产者和消费者共时性存在，构建消费过程。四是投资开发经济性，认为盈利和收益是产品生产的第一要务，对地方经济有着积极贡献。④

---

① 金元浦：《在中国，当创意产业遇上体验经济》，《创意世界》2016 年第 8 期，第 54～57 页；朱相远：《体验文化与体验经济——旅游业发展的新思路》，《北京观察》2006 年第 8 期，第 22～24 页。

② 吴信训：《传媒经济的核心是内容经济与受众经济——〈受众经济学〉中译本序》，《新闻爱好者月刊》2007 年第 2 期，第 23 页；孔祥智、李圣军：《发展"一村一品"经济：背景、内容与原则》，《贵州社会科学》2008 年第 2 期，第 92～98 页。

③ 郭辉勤：《创意经济学》，重庆出版社，2007；王铁军：《创意经济学》，中国金融出版社，2012。

④ 彭效华、曾华：《民族传统体育对经济发展的推动研究综述》，《体育科技文献通报》2013 年第 8 期，第 33～34 页；张慧：《民族传统体育对促进经济发展的分析与研究》，《商》2016 年第 24 期，第 285～285 页；彭效华、曾华、杨庆辞等：《民族传统体育对经济发展的推动研究》，《青少年体育》2014 年第 8 期，第 48～50 页。

2. 市场定位研究

市场定位是基于同类产品竞争情况、消费顾客目标群情况和本地因地制宜情况的综合考量，旨在稳固市场秩序，稳步推进营销，形成产品定位、形象定位、消费者定位、发展途径定位等多个层级。

3. 开发与运作模式研究

产品开发是推进民族传统体育产业化的前提，学界对开发主要关注两个方面。一方面是开发意识，构建形成了市场、特色、开放、品牌、广告宣传与营销等意识。另一方面是运作模式研究，作为基于既定目标的经营实践，大致有乡村旅游、名胜公园景区、城市文化广场、节庆文化开发、舞台（擂台）表演与竞技的观赏等模式。

（三）支持体系与战略研究

支持体系和战略选择是产业有序运作的有效保证，学界围绕上述两方面形成了系列成果。

1. 支持体系研究

支持体系是一个系统工程，涉及政策环境（如政策引导、资金引导等）、经济环境、法制环境（如地方政府对市场的管理和监督）、文化环境（如受众教育水平）、产业环境（如财政、税收、工商等的协调）、人才环境（如企业管理、市场管理、表演人才）等的整体协调支持。

2. 战略选择研究

战略代表着一种践行方向，是具有统领性、全局性、关键性的谋略、方案与对策①。学界对民族传统体育产业这一新兴行业战略问题进行了讨

---

① 袁秀清、崔伟杰、江虹：《以管理创新推动实施安全发展战略》，《中国安全生产》2015年第 5 期。

论，形成了"创新发展、品牌推进、国际化发展、项目带动"等四位一体的战略选择。从现实情况来看，各地民族传统体育发展战略系统性欠缺、贯彻力度明显不足，导致传承困境。[①]

四 研究展望

民族传统体育是弥足珍贵的非物质文化遗产，是记录人类生存、生活经验的活化石，是丰富世界体育文化的重要体裁，站在健康中国、文化中国、世界体育、人类休闲的高度思考其现实价值，可能是未来学术研究趋势。

一方面民族传统体育与健康和文化中国密切关联，通过因地制宜的身体运动形式，构建适合本地域民族的健康处方，推进全民健身活动开展；探索广泛参与的模式或机制，推进体育产业消费升级和转型；发掘原生态的文化因子，强化东方文化的自觉和自信，彰显中国气质，迎接世界历史中国时刻的到来。

另一方面以"中国中心观"为视角，梳理中国民族传统体育发生、发展和成熟的经验，与其他文明中的体育思维进行融合，探索世界体育发展的第三条道路；以西方为他者，发现中华民族传统体育的自在逻辑，重塑中华民族主体性及话语，为实现文化的内生超越提供动力；以人类休闲娱乐的生命真实为原点，探索各民族民众参与、交往及消费的经验，构建一条公约性的认同路径，促进人类的和谐共享。

---

① 胡玲瑛、陶伍建：《我国民族传统体育文化的现实困境与路径选择》，《教育科学（全文版）》2016 年第 12 期，第 19 页。

三 | 调研报告

太极拳发展调研报告

朱　东　范铜钢　刘启超　李文博[*]

摘　要：　本研究首先从习练人群基本情况、习练情况、习练动机、习练
效果、习练认知与习练问题等方面，对北京、上海、河南、江
苏、福建、山西、山东、新疆等 14 省（区市）7020 名太极拳习
练者进行了专题调研；其次，以"浙江省永康市太极拳文化研
究会"为个案，将其推动群众太极拳经验归结为"以社会需求
为导向，以争取各方支持为支撑，以举办公益培训为突破，以
组织集体展演为抓手"四方面经验；最后，建议将太极拳发展
置于国家层面，纳入相关教育体系，作为对外文化交流和体育
交流的重要内容，研究其文化内涵、现代健康价值，推进太极
文化的传承与传播，加强太极文化传承与传播的人才培养，编
写《太极拳健康指导手册》和《太极拳教学工作手册》，推进太
极文化产业。

关键词：　太极拳　健康　文化　竞赛　武术教学

太极拳，作为中国武术的典型拳种之一，蕴含着"身与心、形与神、
己与人、人与天"的独特认识，被国人赋予了"第五大发明""哲拳"等

---
* 朱东，上海体育学院教授，国际教育教院副院长；范铜钢，上海体育学院讲师；刘启超，
上海体育学院在读博士生；李文博，上海体育学院在读博士生。

系列文化标签，成为我国全民健身首选运动形式、世界第一健身品牌。美国 *Time*（时代）杂志眼中的"一种完美的运动"、美国 *Wall Street Journal*（华尔街日报）预计的"下一个（令人痴迷）的瑜伽"、俄罗斯《文化报》盛赞其为"整体健身术"。① 太极拳超越了身体运动界限、跨越了民族国家边界，成为人类健康的代名词、世界通用的文化符号。为深化太极拳这一国内外重大关切，《中国武术研究报告 No.1》专门开设了太极拳专题，进行了系统调研，旨在梳理太极拳发展现状，预测太极拳发展趋势。

一　研究方法

（一）问卷的编制

课题组根据研究需要，通过面谈、咨询、电话采访等多种方式，对武术界及相关学科研究领域资深或较有影响力的专家或学者进行访谈，听取了宝贵意见和建议，并针对太极拳的调研问卷共进行了三轮修改与完善，最终形成了针对不同群体的太极拳问卷调查表。

本研究问卷基本信息部分略有不同，问卷主体部分基本一致，调查对象习练太极拳年限不受限制。问卷基本信息部分为被调查者的性别、学历、年龄、职业等，问卷主体部分内容主要为太极拳习练时间、内容、效果以及习练中遇到的问题与对策等。

---

① 马虹：《三层功夫练就传统陈式太极拳》，《中华武术》2006 年第 6 期，第 26～28 页；佚名：《太极拳热潮席卷美利坚》，《中华武术》2004 年第 7 期，第 26 页。

（二）问卷的检验

问卷效度检验：本研究在调查问卷设计完成后，邀请了上海体育学院、北京体育大学、华东师范大学等高校 10 名资深教授进行问卷有效性全面审核与综合评价，其中 70% 的专家认为问卷有效，并提出具体修改意见与建议，使问卷设计的合理性更加凸显，达到调研标准。

问卷信度检验：对采集到的数据采用克伦巴赫 α 条目一致性检测，检测系数结果显示克伦巴赫 α 系数高达 0.845，说明该研究量表具有较高的可信度。

（三）问卷的发放

2016 年 11~12 月，本研究对全国 338 个地级城市进行抽样调查，采用分层随机抽样选取一线、二线、三线、四线城市，共抽取 44 个城市进行调查。其中学生调查对象为大、中、小学在校学生；社区调查主要针对社区、健身站点、公园等太极拳习练者；俱乐部会员调查主要针对太极拳俱乐部、健身中心等太极拳习练者；运动员调查问卷主要针对各省市专业太极拳运动员；民间拳馆调查问卷主要针对民间拳馆太极拳习练人员；留学生调查主要在全国各地大学外国留学生太极拳习练者中展开。

本研究共发放问卷 8000 份，回收问卷 7580 份，其中有效问卷为 7020 份，有效回收率为 87.75%，如图 1 所示。

（四）问卷统计

运用 SPSS20.0 统计软件，采用描述性、Crosstab 交叉表等统计

共发放：8000
回收问卷：7580
有效问卷：7020
有效回收率：87.75%

图1　问卷发放情况

学方法对太极拳习练人群的基本情况、动机、效果、认知与问题等内容进行了统计，采用皮尔逊相关分析法对部分数据进行相关性检验。

二　研究结果与分析

（一）太极拳调研对象基本情况

根据我国群众体育、竞技体育、体育产业的人口分布构成，太极拳调研对象有学生、市民、运动员、俱乐部、民间拳馆等。调查结果显示，调查对象中男性占比58.5%，女性占比41.5%；年龄方面，调查对象主要集中于16~25岁，其占比48.4%，其次为46~55岁、15岁及以下、56~65岁等；学历方面，调查对象主要集中于本科，占比41.3%，其次为高中、专科、初中等。在问卷类型方面，主要以学生问卷为主，占比27.6%，其次为市民问卷、俱乐部会员问卷、民间拳馆问卷等类型。在区域方面，调查对象主要分布在河南、江苏与福建，三省共占调研对象的44%，其次分别为山东、云南、广西、甘肃、安徽、湖北、山西、广东、河北、贵州与海南等省区市（见表1）。

表 1　调查对象基本情况

单位：%

项目		频率	有效百分比	累积百分比
性别	男	4110	58.5	58.5
	女	2910	41.5	100.0
年龄	15 岁及以下	654	9.3	9.3
	16~25 岁	3400	48.4	57.7
	26~35 岁	596	8.5	66.2
	36~45 岁	465	6.6	72.9
	46~55 岁	876	12.5	85.3
	56~65 岁	629	9.0	94.3
	66 岁及以上	400	5.7	100.0
学历	小学	431	6.1	6.1
	初中	903	12.9	19.0
	高中	1545	22.0	41.0
	专科	1018	14.5	55.5
	本科	2899	41.3	96.8
	硕士	123	1.8	98.6
	博士	8	0.1	98.7
	其他	93	1.3	100.0
对象	学生问卷	1940	27.6	27.6
	市民问卷	1568	22.3	50.0
	俱乐部会员问卷	1405	20.0	70.0
	运动员问卷	612	8.7	78.7
	民间拳馆问卷	1188	16.9	95.6
	留学生问卷	307	4.4	100.0
省份	河北	266	3.8	3.8
	山西	289	4.1	7.9
	江苏	909	12.9	20.9
	安徽	392	5.6	26.4
	山东	626	8.9	35.4
	河南	1382	19.7	55.0
	湖北	385	5.5	60.5
	广东	280	4.0	64.5
	福建	802	11.4	75.9
	海南	123	1.8	77.7

续表

项目		频率	有效百分比	累积百分比
省份	贵州	130	1.9	79.5
	云南	530	7.5	87.1
	甘肃	425	6.1	93.1
	广西	453	6.5	99.6
	其他	28	0.4	100.0
合计		—	7020	100.0	—

1. 学生情况

调查统计结果显示，学生问卷调研以本科生为主，占比 55.8%，其次分别为初中、高中、小学、硕士、专科等，分别占比 16.2%、12.8%、10.7%、3.2%、1.2%，基本涵盖了学生的主要人群，如图 2 所示。从调研结果可知，调研对象分布呈良性，能够较好地实现研究的主要目的与任务。

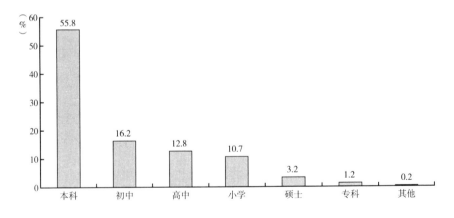

图 2　被调查学生教育程度情况

2. 市民情况

1113 个社区调研统计结果显示，市民所在社区太极拳管理机构主要以社区太极拳协会为主，共占 37.6%，其次分别为老年体育协会、社区武术协会与社区体育中心，分别占 16.4%、11.2%、8.4%，无相关体育协会的社区占调查对象的 18.1%，如图 3 所示。不难看出，无相关体育协会与社区太极拳管理机构不健全仍是影响当前太极拳发展的主要问题之一，与我国协会"实体化虚无"、群众体育组织落后现状基本一致。

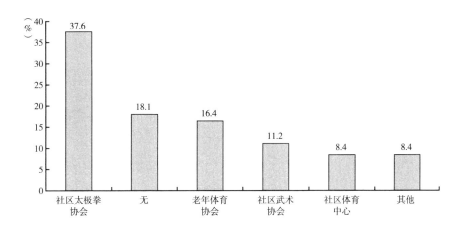

图 3　社区太极拳管理机构

1045 个社区统计结果显示，社区太极拳活动经费的来源以社区居民缴纳会费为主，占 33.83%，其次分别为社会赞助、政府拨款、社区居委会出资与体育部门拨款等，分别占 19.08%、17.07%、8.19%、6.1% 等，如图 4 所示。不难看出，当前太极拳健身活动的组织与管理仍然以习练者自行发起与自行管理为主，政府相关主管部门的引导与资助力度仍有待提升。同时也说明，建设群众体育的非营利组织是一项需要强化的工作。

针对调研对象所在社区太极拳活动面临主要问题认知的调研，统计结果显示，主要问题以缺少活动经费为主，占 22.06%，其次分别为习练者兴趣不高、场地设施不足、政府支持不够、街道社区管理不完善、体育部门不重视、缺少统一管理、教练师资水平有待提高等，分别占 17.01%、

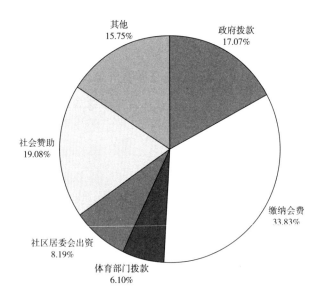

图 4 社区太极拳活动经费来源

14.41%、12.65%、8.52%、8.41%、7.65%、5.58%，如图 5 所示。从中不难看出，当前相关主管部门经费投入不足与管理职能缺位等问题依然较为严重。同时也说明市场功能的滞后，未能有效发挥"无形之手"的作用。

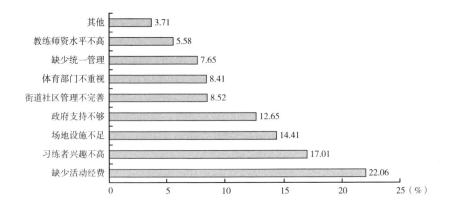

图 5 社区太极拳活动面临的主要问题

3. 俱乐部情况

对调查对象所在太极拳俱乐部的类型调查结果显示，以专业太极拳拳馆为主，占 23.3%，其次分别为瑜伽会所、健身会所与公司兴趣俱乐部，分别占 18.7%、12.2%、6.4%，如图 6 所示。从调查结果来看，专业太极拳馆是推广与传播太极拳的主要窗口，另外专业太极拳馆与瑜伽会所的调查对象人数无明显差异之现状提示我们，加强专业太极拳馆建设是太极拳发展的重点。

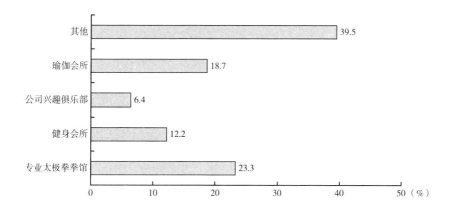

图 6　太极拳俱乐部类型

会员卡消费类型的调查统计结果显示，太极拳习练场所主要以团体会员折扣卡与年卡为主，占 34.2%，其次分别为赠送、月卡、季度卡、半年卡，分别占 6.3%、5.4%、5.0%、4.4% 等，如图 7 所示。从会员卡销售方式可见，民众对太极拳消费的支付能力具有一定的局限性，尤其是 43% 的 "其他选项" 提示我们购买太极拳锻炼卡的消费方式并非唯一。

太极拳俱乐部收费情况的调查结果显示，免费去太极拳俱乐部习练的人群占比 16.8%，说明 "花钱买健康" 已成为人们太极拳锻炼的共识。而在太极拳习练的收费中，首先是每年 5000 元以上的收费，其比例为 17.4%，随后分别为 1000 元以下/年、3000~5000 元/年与 1000~2000 元/

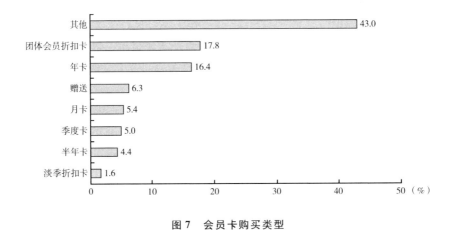

图 7 会员卡购买类型

年，占13.7%、13.3%、8.0%，另外30.7%的人选择了"其他"选项则说明还存在其他收费标准或收费方式（见图8）。

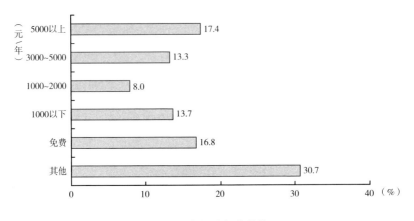

图 8 太极拳俱乐部收费情况

4. 运动员情况

对运动员调查结果显示，太极拳锻炼者以国家二级运动员为主，占35.1%，随后分别为无运动等级、国家三级、国家一级、国家级健将与国际级健将，分别占21.0%、20.2%、13.5%、8.8%、0.8%，如图9所示。从竞技太极拳来看，其梯队建设完备、宝塔结构合理，41.2%无极和三级的"初学者"、35.1%的二级作为预备队，是竞技太极拳一级与健将（23.1%）的基础。

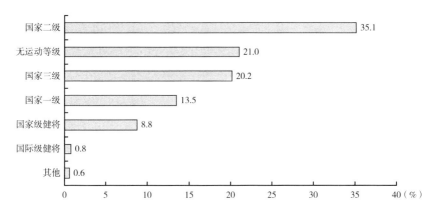

图 9　太极拳锻炼者运动等级情况

对竞技太极拳项目设置合理性的调查结果显示，一方面运动员高度认同现行设项方式，只有3.6%的运动员认为不合理，在认为合理的96.4%的人群中，非常合理者18.6%、合理者29.6%、比较合理者48.2%。另一方面，认为比较合理和不合理的51.8%又提示我们，竞技太极拳项目设置仍有值得进一步完善之处（见图10）。

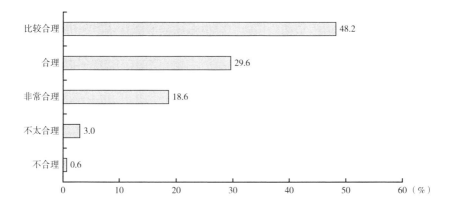

图 10　太极拳比赛项目设置的合理性

对参赛项目调查的结果显示，运动员参加太极拳竞技的现状首先表现为以拳术为主，以器械为辅，其次表现为以自选套路为主，以传统套路为辅，如图 11 所示。

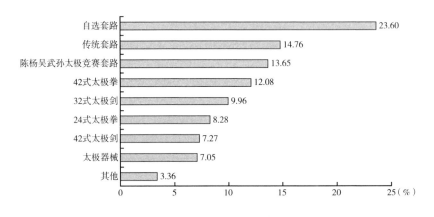

图 11　参赛项目情况

5. 民间拳馆情况

教习年限调查结果显示，现行民间拳馆教习 1～4 年的人数（52.4%）多于一年以下者（39.7%），5 年以上人数为 7.9%，如图 12 所示。这反映太极拳锻炼是一项方兴未艾的运动，原先街角公园的"晨练式"消费已经不能满足群众的需要，民众太极拳的消费正在升级。

对太极拳非物质文化遗产代表性传承人等级的调查结果显示，其主要以市（区）级与省（市）级为主，占 55.0%，其次分别为国家级与县（街道）级，分别占 21.4% 与 17.2%，如图 13 所示。可见，非物质文化遗产代表名录与代表性传承人已成为民间拳馆传承太极拳的重要手段，而完善由县级到国家级的宝塔型梯队是今后太极拳非物质文化遗产代表性传承人建设的重要目标。

6. 留学生情况

对留学生的调查结果显示，他们主要来自美国、印度、日本、韩国、

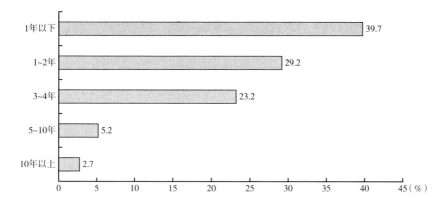

图 12 民间拳馆太极拳教习年限

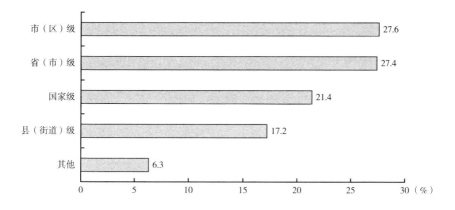

图 13 民间拳馆太极拳非物质文化遗产代表性传承人等级

英国、加拿大、俄罗斯、德国、法国、泰国、西班牙、巴基斯坦、印度尼西亚、意大利、尼泊尔、菲律宾、澳大利亚、比利时、巴西、英格兰、也门、新加坡、南非、马来西亚、利比亚、丹麦 26 个国家，其一年级至四年级的分布分别为 36.9%、27.0%、23.8%、12.3%，如图 14 所示。

在调查的留学生中发现，他们来中国的时间 1 年以上者与以下者相当。其中，6 个月以下者占 49.7%，6～12 个月占 7.5%，1～2 年、3～4 年、5 年以上分别为 17.3%、14.7%、10.5%，如图 15 所示。

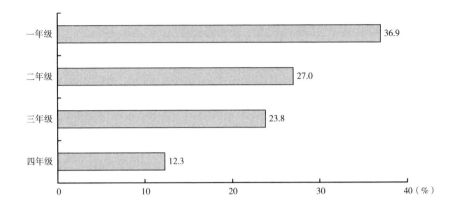

图 14　留学生所在年级

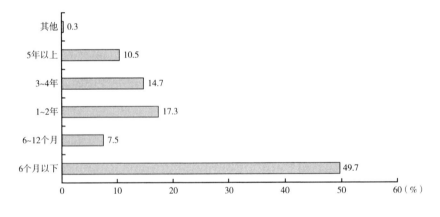

图 15　留学生来中国的时间

在太极拳学习困难调查中，31.79% 的留学生反映学不会，并将其原因归结为学习时间不足（25.75%）、语言障碍（24.13%）、动作复杂（17.4%），如图 16 所示。可见，提高外语教学能力、保证教学时间，是留学生太极拳教学需要解决的问题。

对学习太极拳方式调查的结果显示，留学生主要从大学社团（36.38%）、大学武术课（27.67%）、大学学生（16.34%）学习太极拳，其次是社会俱乐部（11.11%）、随民间太极拳师学习（7.19%），如图 17

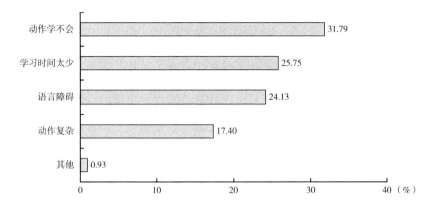

图 16　留学生学习太极拳的困难

所示。可见，大学校园是留学生学习太极拳的主要阵地，在健全大学武术社团、加强大学太极拳师资队伍建设的同时，引民间太极拳师进高校，是推进留学生太极拳教学可选择的路径之一。

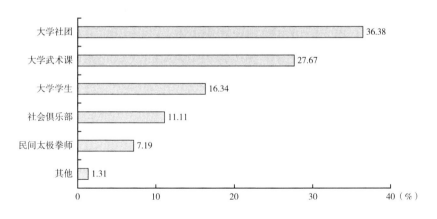

图 17　留学生学习太极拳的方式

（二）太极拳习练情况

太极拳习练情况可以反映锻炼者的参与意识、习练心态、消费倾向等，其指标有习练拳种、年限、频率、时间、师资配备、锻炼花费等。

1. 习练拳种

对习练拳种的统计结果显示（见表2），首先，人们首选的是杨式太极拳与陈式太极拳；其次为武式太极拳、赵堡太极拳、孙式太极拳与吴式太极拳等，另外简化太极拳也是受人青睐的太极拳套路。另外，太极拳拳种的选择也存在着性别、年龄、学历等差异。在性别上，男性以杨式太极拳与陈式太极拳为主，女性以杨式太极拳与简化太极拳为主。在年龄上，16～25岁的习练人群以杨式太极拳与简化太极拳为主，36～45岁与15岁及以下人群则以陈式太极拳为主，其他年龄阶段人群则以杨式太极拳与陈式太极拳为主。在学历上，小学学历的锻炼者以陈式太极拳为主，硕士学历人群则以杨式太极拳与简化太极拳为主，其他学历人群则主要以杨式太极拳与陈式太极拳为主。在对象上，学生以杨式太极拳与简化太极拳为主，留学生以陈式太极拳与简化太极拳为主，其他对象则主要以杨式太极拳与陈式太极拳为主。

就整体而言，杨式与陈式是太极拳锻炼者的首选，简化太极拳套路也深受太极拳锻炼者的喜爱，太极拳其他拳种，如武式、赵堡、孙式与吴式，仍有较大发展空间。

表2　习练太极拳拳种的分布情况

项目		陈式	杨式	武氏	吴氏	孙氏	赵堡	简化	其他
性别	男	1097	1548	464	197	169	334	584	324
	女	676	1193	280	105	147	212	737	215
年龄	15岁及以下	152	127	37	20	16	17	138	168
	16～25岁	559	1153	422	142	102	350	699	236
	26～35岁	140	151	106	53	33	54	89	32
	36～45岁	174	167	57	11	32	34	49	26
	46～55岁	372	435	52	25	68	43	110	23
	56～65岁	193	397	43	33	38	35	154	27
	66岁及以上	183	311	27	18	27	13	82	27

续表

	项目	陈式	杨式	武氏	吴氏	孙氏	赵堡	简化	其他
学历	小学	172	97	24	15	33	12	89	63
	初中	208	371	80	51	45	51	163	155
	高中	400	571	228	64	82	117	273	114
	专科	277	399	129	39	40	94	207	71
	本科	693	1223	263	122	109	211	557	110
	硕士	15	31	5	4	5	55	22	14
	博士	0	5	1	1	0	2	0	1
	其他	8	44	14	6	2	4	10	11
对象	学生	349	641	113	49	42	216	550	260
	市民	416	705	202	98	112	137	325	93
	俱乐部会员	469	595	150	67	78	89	235	114
	运动员	122	271	135	50	37	49	61	38
	民间拳馆	379	510	126	28	34	47	113	33
	留学生	38	19	18	10	13	8	37	1
合计	—	1773	2741	744	302	316	546	1321	539

2. 习练年限

对习练年限的调查显示，主要集中于 1 年以下（见表3）。但从不同年龄的习练年限看，学生群体多为短期习练，这与现行各类学校的教学计划有关；同时，56 岁以上锻炼者却存在着随年龄上涨习练年限越长的趋势。

表3　习练太极拳的年限分布情况

	项目	3 个月以下	半年	1 年	2 年	其他	合计
性别	男	1129	1024	724	429	550	3856
	女	751	602	454	373	518	2698
年龄	15 岁及以下	221	150	81	39	142	633
	16 ~ 25 岁	1245	829	523	226	350	3173
	26 ~ 35 岁	99	181	151	73	59	563
	36 ~ 45 岁	90	147	105	58	50	450
	46 ~ 55 岁	155	192	193	157	136	833
	56 ~ 65 岁	60	97	91	165	145	558
	66 岁及以上	10	30	34	84	186	344

续表

	项目	3 个月以下	半年	1 年	2 年	其他	合计
学历	小学	117	96	56	59	69	397
	初中	232	186	123	127	189	857
	高中	343	361	290	208	210	1412
	专科	184	262	221	146	154	967
	本科	919	684	454	241	402	2700
	硕士	64	23	11	7	16	121
	博士	0	4	1	0	2	7
	其他	21	10	22	14	26	93
对象	学生	968	473	225	79	167	1912
	市民	295	320	310	291	220	1436
	俱乐部会员	219	355	220	183	400	1377
	运动员	94	153	166	73	104	590
	民间拳馆	256	285	241	175	127	1084
	留学生	48	40	16	1	50	155
合计		—	1880	1626	1178	802	1068	6554

3. 习练频率

对习练频率的调查结果是，以每周 2 次和 3 次为主，其次分别为每周 1 次和其他（见表 4）。对其性别、年龄、学历、对象的调查发现，男女均为每周 2 次、3 次多于 1 次和其他；15 岁以下锻炼者中每周 1 次、2 次、3 次的人数有下降趋势，16～25 岁在每周 2 次以上的人数不断下降，26 岁以上每周 1 次、2 次、3 次频率的人数呈基本上升趋势。

表 4　习练频率分布情况

	项目	每周 1 次	每周 2 次	每周 3 次	其他(3 次以上)	合计
性别	男	825	1167	1189	613	3794
	女	622	751	686	622	2681
年龄	15 岁及以下	216	118	122	174	630
	16～25 岁	899	1098	876	318	3191
	26～35 岁	84	194	215	49	542

续表

	项目	每周1次	每周2次	每周3次	其他(3次以上)	合计
年龄	36～45岁	56	160	151	69	436
	46～55岁	133	200	283	199	815
	56～65岁	43	102	170	214	529
	66岁及以上	16	46	58	212	332
学历	小学	100	81	69	128	378
	初中	206	174	243	211	834
	高中	172	458	517	232	1379
	专科	145	269	315	215	944
	本科	768	886	666	407	2727
	硕士	46	24	30	17	117
	博士	1	4	1	1	7
	其他	9	22	34	24	89
对象	学生	672	534	435	267	1908
	市民	171	394	466	352	1383
	俱乐部会员	216	416	445	302	1379
	运动员	60	166	161	57	444
	民间拳馆	219	309	332	203	1063
	留学生	109	99	36	54	298
合计	—	1447	1918	1875	1235	6475

4. 习练时间

每次习练时间的调查结果显示，以30～60分钟为主，其次为1～2小时与30分钟以下。对其性别、年龄、学历、对象调查发现，在性别上看，男性以1～2小时为主，女性以30～60分钟为主；在学历上看，专科、本科与博士习练太极拳时间以30～60分钟为主，其他学历人群以1～2小时为主；在对象上看，学生、留学生与运动员主要以30～60分钟为主，其他则以1～2小时为主（见表5）；在年龄上看，16～45岁习练时间以30～60分钟为主，其他年龄阶段人群则以1～2小时为主。从总体情况而言，习练者每次习练太极拳的时间主要以30分钟至2小时为主，值得注意的是运动员习练时间30～60分钟的人数超过了1～2小时的，这涉及被试竞技主项是不是太极拳问题。

表5 习练者每次习练太极拳的时间情况

项目		30 分钟以下	30 ~ 60 分钟	1 ~ 2 小时	其他	合计
性别	男	593	1512	1530	217	3852
	女	412	1093	1052	204	2761
年龄	15 岁及以下	118	199	217	97	631
	16 ~ 25 岁	520	1319	1106	208	3153
	26 ~ 35 岁	75	300	150	33	558
	36 ~ 45 岁	75	189	154	19	437
	46 ~ 55 岁	143	298	371	27	839
	56 ~ 65 岁	53	194	334	26	607
	66 岁及以上	21	106	250	11	388
学历	小学	88	134	164	28	414
	初中	118	295	353	107	873
	高中	225	555	567	86	1433
	专科	139	416	373	54	982
	本科	407	1127	1038	125	2697
	硕士	23	43	47	6	119
	博士	0	4	2	0	6
	其他	5	31	38	15	89
对象	学生	326	688	643	148	1805
	市民	189	560	611	87	1447
	俱乐部会员	188	523	618	61	1390
	运动员	53	276	233	26	588
	民间拳馆	180	423	431	55	1089
	留学生	69	135	46	44	294
合计	—	1005	2605	2582	421	6613

对学生习练太极拳时间的调查结果显示，他们主要在体育课习练太极拳，占 39.4%，其次分别为课外活动、课间操、放学后、周末与上学前，分别 22.4%、12.4%、12.2%、11.5%、2.0%。其中，22.4% 课外活动的选择反映习练太极拳的学生人群正在增加，如图 18 所示。

对其他锻炼者习练太极时间段调查结果显示，他们一般在早晨习练太极拳，占 35.9%，其次分别为上午、下午、晚上、傍晚、中午，分别占

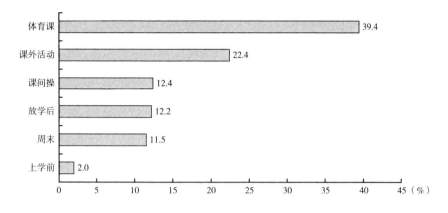

图 18 学生习练太极拳时段选择

17.0%、13.9%、11.5%、9.0%、7.2%，可见早晨为人们锻炼太极拳的首选时间，如图 19 所示。

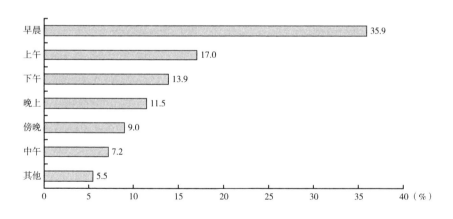

图 19 学生之外习练太极拳时段选择

5. 师资配备

对太极拳师资调查的结果显示，主要为学校体育教师，其次分别为锻炼者兼任、专业武术教练、社会体育指导员、学校武术教师，另有高校武术专业学生、民间拳师等（见表 6）。在习练者性别、年龄、学历、对象等调查中发现，学生太极拳锻炼的师资以学校体育教师与学校武术教师为主，市民太极拳锻炼的师资以社会体育指导员与锻炼者兼任为主，俱乐部会员太极拳锻炼的师资以社会体育指导员与学校体育教师为主，运动员太极拳训练的师资以专业武术教练与学校体育教师为主，民间拳馆太极拳锻炼的师资以专业武术教练与锻炼者兼任为主，留学生太极拳习练的师资以学校体育教师与学校武术教师为主。

表6　习练太极拳师资情况

	项目	学校武术教师	学校体育教师	锻炼者兼任	社会体育指导员	专业武术教练	高校武术专业学生	民间拳师	其他
性别	男	652	1047	695	662	665	567	425	322
	女	524	912	504	542	448	207	273	200
年龄	15岁及以下	119	167	18	12	287	31	56	79
	16~25岁	707	1385	489	207	374	518	206	215
	26~35岁	104	145	149	75	66	69	62	15
	36~45岁	69	77	99	98	75	46	59	22
	46~55岁	102	118	181	306	202	101	144	30
	56~65岁	55	46	188	287	86	5	113	36
	66岁及以上	20	21	75	219	23	4	58	125
学历	小学	59	72	61	42	195	23	51	9
	初中	154	170	155	164	160	53	124	116
	高中	192	324	321	326	177	212	177	111
	专科	124	188	229	254	178	138	133	39
	本科	615	1146	377	380	386	309	179	228
	硕士	23	38	33	13	5	33	20	9
	博士	1	1	1	2	1	2	0	0
	其他	8	20	22	23	11	4	14	10
对象	学生	405	979	144	54	312	127	140	152
	市民	109	232	437	526	136	134	281	83
	俱乐部会员	232	299	250	341	259	266	65	170
	运动员	116	144	117	79	147	121	44	40
	民间拳馆	198	152	216	196	219	72	155	44
	留学生	116	153	35	8	40	54	13	33
合计	—	1176	1959	1199	1204	1113	774	698	522

6. 锻炼花费

对每年太极拳锻炼花费的调查结果显示，多为 100~500 元/年，其次分别为 100 元/年以下、500~1000 元/年等（见表 7）。其消费也存在着年龄、学历的差异，在年龄上，25 岁以下群体的消费以 100 元/年以下为主，26~65 岁群体的消费以 100~500 元/年为主；在学历上，本科和高中在 100~500 元/年上升后下降，初中呈上升趋势，小学呈下降趋势；就总体而言，100~500 元/年为人们主要消费范围。

表7　每年太极拳锻炼的花费情况

	项目	100 元以下	100~500 元	500~1000 元	其他	合计
性别	男	610	826	681	484	2601
	女	586	622	438	395	2041
年龄	15 岁及以下	104	68	67	289	528
	16~25 岁	661	598	430	414	2103
	26~35 岁	70	129	112	35	346
	36~45 岁	68	120	70	32	290
	46~55 岁	126	284	169	72	651
	56~65 岁	101	184	135	22	442
	66 岁及以上	66	65	136	15	282
学历	小学	95	52	70	142	359
	初中	121	150	149	174	594
	高中	302	423	284	79	1088
	专科	163	284	170	61	678
	本科	494	518	430	383	1825
	硕士	18	10	6	17	51
	博士	0	2	1	2	5
	其他	3	9	9	21	42
对象	学生	494	265	188	441	1388
	市民	273	355	281	60	969
	俱乐部会员	197	442	293	173	1105
	运动员	55	116	104	55	330
	民间拳馆	146	252	233	110	741
	留学生	31	18	20	40	109
合计	—	1196	1448	1119	879	4642

对太极拳锻炼花费的调查结果显示，其学习费用、购买服装、购买音像制品、购买器械、参加比赛交通费、购买书籍等支出分别占 33.8%、25.7%、22.5%、18.6%、14.9%、14.87%，其差异是，男性的消费高于女性，俱乐部会员与运动员在购买服装方面略高于学习费用（见表8）。可见，习练者花费一方面主要用于学习费用的支付，另一方面呈现多元化，不仅服装与音像制品成为重要开支之一，而且器械、书籍与参赛交通费等多种支出形式也体现了太极拳习练者更高层面的追求。

表 8　太极拳花费用途分布情况

项目		购买书籍	购买音像制品	学习费用	购买服装	购买器械	参加比赛交通费	其他
性别	男	647	985	1414	945	669	509	654
	女	397	596	960	858	639	540	525
年龄	15 岁及以下	57	83	165	71	76	64	194
	16~25 岁	512	803	1161	597	483	314	549
	26~35 岁	121	172	204	169	100	78	37
	36~45 岁	81	117	163	161	88	59	48
	46~55 岁	157	236	316	321	262	232	112
	56~65 岁	95	125	277	283	210	203	81
	66 岁及以上	21	45	88	201	89	99	158
学历	小学	77	60	139	88	91	64	80
	初中	80	168	274	211	156	177	200
	高中	244	356	580	482	297	234	141
	专科	157	262	386	318	263	228	110
	本科	472	674	960	653	456	307	580
	硕士	7	41	13	16	20	19	37
	博士	2	5	2	3	5	2	1
	其他	5	15	20	32	20	18	30
对象	学生	249	361	693	218	197	117	438
	市民	219	338	596	447	392	399	243
	俱乐部会员	209	352	474	522	266	167	266
	运动员	45	151	138	194	142	143	65
	民间拳馆	244	244	421	367	277	204	109
	留学生	78	135	52	55	34	19	58
合计	—	1044	1581	2374	1803	1308	1049	1179

（三）信息获取与学练动机

1. 信息渠道

对获悉太极拳相关信息渠道的调查结果显示，习练者获悉太极拳相关信息的渠道以网上视频与报道为主，共占 38.7%，其次分别为朋友介绍、电视电影与新闻报纸等，其占比分别为 26.1%、23.5% 与 20.6% 等。通过对习练者性别、年龄、学历、对象等进行统计发现，留学生主要通过电视电影了解太极拳相关信息，其他人群则以网上视频与报道等为主（见表 9）。不难看出，随着互联网的快速发展，网上视频与报道正在逐渐取代传统的新闻媒体，拓展太极拳的网上宣传渠道应为太极拳发展的重点任务。而对留学生的调查反映，加强电视电影的国外宣传与推广对于太极拳的国际化发展具有无法低估的价值。

表 9　获悉太极拳相关信息的主要途径

	项目	电视电影	网上视频与报道	新闻报纸	朋友介绍	其他
性别	男	979	1608	967	976	639
	女	672	1111	482	859	445
年龄	15 岁及以下	169	198	116	129	171
	16～25 岁	1007	1536	804	589	449
	26～35 岁	147	211	157	137	48
	36～45 岁	91	165	91	112	74
	46～55 岁	128	335	151	349	111
	56～65 岁	79	207	89	281	85
	66 岁及以上	30	67	41	238	146
学历	小学	106	133	82	124	70
	初中	163	247	168	276	181
	高中	310	629	311	453	154
	专科	175	350	222	316	131
	本科	858	1267	623	627	503
	硕士	25	63	31	17	20
	博士	2	4	0	3	25
	其他	12	26	12	19	—

续表

	项目	电视电影	网上视频与报道	新闻报纸	朋友介绍	其他
对象	学生	601	866	454	344	335
	市民	238	572	346	518	178
	俱乐部会员	186	531	272	427	277
	运动员	203	283	116	134	84
	民间拳馆	265	323	232	368	173
	留学生	158	144	29	44	37
合计	—	1651	2719	1449	1835	1084

2. 习练途径

对太极拳习练途径的统计结果显示，以体育课为主，共占 25.6%，其次分别为亲戚朋友、课外活动与社会俱乐部等，占比分别为 22.1%、21.6% 与 20.4% 等。通过对习练者性别、年龄、学历、对象调查发现，学生与留学生主要在体育课习练太极拳，市民与民间拳馆主要向亲戚朋友学练，运动员主要在课外活动锻炼太极拳（见表 10）。可见，丰富太极拳传播途径，有助于太极拳的快速发展。

表 10 习练太极拳的途径

	项目	体育课	课外活动	社会俱乐部	亲戚朋友	其他
性别	男	913	983	925	917	453
	女	882	534	507	635	416
年龄	15 岁及以下	178	193	57	77	174
	16~25 岁	1342	840	738	307	263
	26~35 岁	101	133	202	153	34
	36~45 岁	64	67	119	143	59
	46~55 岁	59	171	165	372	147
	56~65 岁	36	64	94	285	132
	66 岁及以上	15	49	57	215	60
学历	小学	118	141	55	76	77
	初中	126	174	147	250	185
	高中	249	326	364	459	156

续表

项目		体育课	课外活动	社会俱乐部	亲戚朋友	其他
学历	专科	146	183	305	284	139
	本科	1121	619	509	438	280
	硕士	23	53	37	17	12
	博士	1	2	1	2	0
	其他	11	19	14	26	20
对象	学生	975	471	273	132	221
	市民	156	326	276	585	241
	俱乐部会员	220	203	419	363	185
	运动员	127	197	124	77	74
	民间拳馆	198	282	299	374	113
	留学生	119	38	41	21	35
合计		—	1795	1517	1432	1552	869

3. 习练目的

太极拳习练目的的调查显示，习练太极拳的目的以锻炼身体为主，共占 53.4%，其次为学习传统文化、预防疾病、促进人际交往、康复、防身自卫、健身减肥、家族传承等，其占比分别为 29.0%、28.8%、15.8%、15.2%、11.4%、11.7%、7.5% 等。其习练目的的性别、年龄、学历、对象等调查发现，不同人群习练太极拳的目的均以锻炼身体为主，而在学习传统文化、预防疾病、促进人际交往等方面则略有不同。

表 11 习练太极拳的目的

项目		为了锻炼身体	预防疾病	康复	健身减肥	防身自卫	娱乐消遣	促进人际交往	学习传统文化	家族传承	其他
性别	男	1920	1212	678	363	396	432	597	1084	372	319
	女	1831	807	390	439	424	485	511	951	154	201
年龄	15 岁及以下	323	81	33	53	105	44	107	251	19	59
	16~25 岁	1403	858	656	379	463	487	443	972	331	268
	26~35 岁	258	142	80	92	75	73	77	99	66	25
	36~45 岁	275	127	59	49	41	55	76	84	33	21

续表

	项目	为了锻炼身体	预防疾病	康复	健身减肥	防身自卫	娱乐消遣	促进人际交往	学习传统文化	家族传承	其他
年龄	46～55岁	599	342	134	89	55	127	201	272	43	15
	56～65岁	533	248	71	99	60	85	137	251	27	21
	66岁及以上	360	221	35	41	21	46	67	106	7	111
学历	小学	272	86	43	44	82	49	83	166	29	10
	初中	472	252	103	118	89	98	187	269	42	70
	高中	783	399	263	159	164	187	212	371	65	88
	专科	637	357	184	187	137	130	177	281	77	41
	本科	1516	861	440	265	316	415	423	896	270	289
	硕士	38	44	16	12	4	14	18	24	29	10
	博士	4	0	3	0	3	3	1	1	1	1
	其他	29	20	16	17	25	21	7	27	13	11
对象	学生	926	399	338	173	279	267	290	682	131	158
	市民	991	553	235	185	146	195	286	459	102	27
	俱乐部会员	868	503	239	221	160	177	216	300	41	221
	运动员	231	155	103	92	123	128	75	200	116	42
	民间拳馆	645	394	142	111	100	125	221	334	115	39
	留学生	90	15	11	20	12	25	20	60	21	33
合计	—	3751	2019	1068	802	820	917	1108	2035	526	520

（四）锻炼效果

1. 身体感受

太极拳习练后身体主要感受的调查显示，人们的感觉以身体更加健康为主，占43.6%，其次为精力更加旺盛、身手更加敏捷、睡眠有所改善、下肢力量有所提高、免疫能力提高、智力有所提高、血压有所下降等，其占比分别为35.9%、31.3%、30.1%、28.4%、26.6%、12.6%、12.2%等。通过对性别、年龄、学历、对象的调查发现，俱乐部会员与留学生习练太极拳后的主要身体感受为精力更加旺盛，运动员的身体感受则以身手更加敏捷为主，其他人群则以身体更加健康为主（见表12）。可见，太极拳习练者习练太极拳后的首要感受是身体更加健康，其次是精力更加旺盛与身手更加敏捷。因此优化促进太极拳锻炼的身体感受，不仅是完善太极拳教学的操作性问题，也是科研不应忽视的内容。

表 12　习练太极拳后身体主要感受

项目		身体更加健康	身手更加敏捷	下肢力量有所提高	血压有所下降	睡眠有所改善	精力更加旺盛	免疫能力提高	智力有所提高	其他
性别	男	1505	1293	1189	498	1151	1438	993	448	257
	女	1557	907	802	355	959	1082	874	435	217
年龄	15 岁及以下	330	226	154	30	120	223	172	107	98
	16~25 岁	1188	1017	903	379	969	1129	748	354	283
	26~35 岁	202	157	165	92	176	214	130	46	17
	36~45 岁	200	122	121	57	130	183	125	43	17
	46~55 岁	495	332	271	127	292	378	306	141	35
	56~65 岁	433	242	269	108	228	276	271	141	18
	66 岁及以上	214	104	108	60	195	117	115	51	6
学历	小学	277	170	116	24	107	176	141	83	8
	初中	405	286	241	106	209	280	261	144	119
	高中	639	462	438	170	407	545	395	172	94
	专科	473	360	348	178	321	440	340	162	39
	本科	1228	853	791	330	1018	995	678	288	180
	硕士	15	38	25	20	20	53	32	18	24
	博士	3	2	0	1	4	6	0	0	0
	其他	22	29	32	24	24	25	20	16	10
对象	学生	842	526	469	155	548	596	427	227	219
	市民	768	493	516	228	470	535	534	267	42
	俱乐部会员	545	397	343	177	516	550	327	132	64
	运动员	183	282	273	143	186	266	181	87	47
	民间拳馆	607	439	347	138	311	454	369	165	60
	留学生	117	63	43	12	79	119	29	5	42
合计	—	3062	2200	1991	853	2110	2520	1867	883	474

2. 心理感受

太极拳习练后心理主要感受的调查显示，习练者练习太极拳后心理感受主要以心理更加健康与精神更加安逸为主，其占比分别为 45.9% 与

42.5%，其次为性格更加开朗、人际关系更加和睦、情感更加丰富、社交更加有序等，占比分别为 38.4%、20.7%、20.1%、17.3% 等。对习练者性别、年龄、学历、对象等调查发现，学生人群认为练习太极拳后心理感受主要是精神更加安逸，而其他人群则以心理更加健康为主（见表13）。不难看出，心理健康与精神安逸是习练者习练太极拳后的主要心理认知，通过太极拳锻炼加强习练者心理健康干预与丰富其精神状态应是今后太极拳教学和科研中需关注的主要内容之一。

表13 习练太极拳后心理主要感受

	项目	精神更加安逸	心理更加健康	性格更加开朗	情感更加丰富	社交更加有序	人际关系更加和睦	其他
性别	男	1597	1809	1415	818	642	737	464
	女	1386	1413	1280	592	572	717	232
年龄	15 岁及以下	223	194	264	115	54	115	107
	16~25 岁	1277	1548	1174	692	466	536	373
	26~35 岁	177	270	240	107	109	100	29
	36~45 岁	220	185	179	73	75	92	14
	46~55 岁	466	492	372	199	227	286	29
	56~65 岁	348	374	330	159	195	211	29
	66 岁及以上	272	159	136	65	88	114	115
学历	小学	206	169	194	84	62	105	17
	初中	315	353	358	162	144	209	123
	高中	591	704	573	255	258	295	114
	专科	434	527	501	220	218	264	67
	本科	1396	1368	1002	636	492	541	326
	硕士	14	58	41	21	22	24	30
	博士	2	5	2	0	3	0	0
	其他	25	38	24	32	15	16	19
对象	学生	875	752	707	341	226	338	222
	市民	666	777	685	343	348	348	66
	俱乐部会员	651	655	546	219	283	347	175
	运动员	169	369	224	210	115	91	112
	民间拳馆	505	525	486	248	205	309	80
	留学生	117	144	47	49	37	21	41
合计	—	2983	3222	2695	1410	1214	1454	696

3. 习练者伤病情况

太极拳习练产生伤病的调查显示（见表14），53.9%的习练者习练太极拳没有产生伤病，而26.7%的习练者习练后产生了伤病。根据对产生伤病情况的调查显示，12.1%的人出现膝盖疼痛，7.8%的人出现了腰部疼痛，4.8%的人选择了其他选项。

表 14 习练太极拳产生伤病情况

	项目	无	有	膝盖疼痛	腰部疼痛
性别	男	2316	1043	437	279
	女	1469	832	412	272
年龄	15 岁及以下	336	213	45	42
	16～25 岁	1871	951	376	255
	26～35 岁	261	178	99	73
	36～45 岁	250	122	66	45
	46～55 岁	556	171	134	66
	56～65 岁	297	161	104	48
	66 岁及以上	214	79	25	22
学历	小学	254	109	36	29
	初中	361	308	94	72
	高中	759	384	235	130
	专科	511	311	127	93
	本科	1846	657	326	208
	硕士	32	65	15	10
	博士	0	5	3	2
	其他	18	40	13	7
对象	学生	1158	509	158	92
	市民	759	436	200	124
	俱乐部会员	825	206	193	122
	运动员	174	337	129	91
	民间拳馆	674	299	110	91
	留学生	195	88	59	31
合计	—	3785	1875	849	551

通过对习练太极拳后产生伤病的时间进行的调查结果显示，以 6 个月内为主，其次分别为 6～12 个月、1～2 年、3～4 年、5 年以上等。通过对习练者性别、年龄、学历、对象等的调查发现，市民出现伤病主要在6～12 个月时，运动员则出现在 1～2 年时，其他人群则主要出现在 6 个月内（见表 15）。习练者多在 6 个月内出现伤病，这与太极拳"讲虚实、多单腿支撑"运动方式有关，这也要求教习者需进一步强化初学者腿部力量的习练以及身体姿态的指导，建立锻炼效果跟踪、评估机制。

表 15 习练太极拳产生伤病的时间

	项目	6 个月内	6～12 个月	1～2 年时	3～4 年时	5 年以上时	合计
性别	男	156	135	115	19	6	431
	女	169	131	81	29	8	418
年龄	15 岁及以下	32	10	7	6	2	57
	16～25 岁	154	115	92	10	6	377
	26～35 岁	24	37	24	8	0	93
	36～45 岁	28	36	16	7	0	87
	46～55 岁	44	36	32	6	0	118
	56～65 岁	37	26	19	10	5	97
	66 岁及以上	6	6	6	1	1	20
学历	小学	18	13	18	3	0	52
	初中	30	18	14	7	6	75
	高中	87	57	20	5	1	170
	专科	53	45	23	9	1	131
	本科	132	126	116	18	6	398
	硕士	2	4	2	0	0	8
	博士	0	1	2	0	0	3
	其他	3	2	1	6	0	12
对象	学生	106	76	31	8	4	225
	市民	70	101	62	15	2	250
	俱乐部会员	86	52	30	11	2	181
	运动员	13	6	45	0	0	64
	民间拳馆	45	27	28	14	3	117
	留学生	5	4	0	0	3	12
合计	—	325	266	196	48	14	849

（五）太极拳认知与满意度

1. 总体认知

对太极拳典型特征认知的调查显示，人们多在武术之外（"攻防效果明显"19.9%）而从文化与健康角度认识太极拳。习练者多将太极拳视为"动作优雅"（38.9%）、"旋律舒缓"（33.4%）的运动方式，具有"健身功效极佳"（36.0%）之价值，以及"运动损伤风险小"（26.4%）、"防病治病疗效较好"（25.9%）之特点，是"中国传统文化的象征"（32.9%）而"文化内涵丰富"（25.5%）。另外，对性别、年龄、学历、对象等调查发现，不同人群对于太极拳的典型特征认知存在一定差异。市民、俱乐部会员与民间拳馆更多从"健身功效极佳"认知太极拳的典型特征，运动员则将太极拳的典型特征视为中国传统文化的象征，留学生眼中的太极拳的典型特征为旋律优雅（见表16）。可见，如何进一步发掘其健身价值和文化内涵，因材施教，是大力推进太极拳传承与传播的重要课题。

表 16　太极拳典型特征的认知

项目		旋律舒缓	动作优雅	攻防效果明显	健身功效极佳	防病治病疗效较好	运动损伤风险小	文化内涵丰富	中国传统文化的象征	其他
性别	男	1166	1461	856	1210	974	1068	952	1260	467
	女	1176	1271	540	1319	845	785	836	1051	198
年龄	15 岁及以下	205	209	125	182	92	132	139	253	51
	16～25 岁	1072	1269	661	972	689	975	823	1083	390
	26～35 岁	129	180	123	174	131	109	104	110	25
	36～45 岁	145	166	97	161	145	92	91	149	37
	46～55 岁	352	420	189	441	327	242	282	357	26
	56～65 岁	303	346	129	403	299	214	247	261	25
	66 岁及以上	136	142	72	196	136	89	102	98	111

续表

项目		旋律舒缓	动作优雅	攻防效果明显	健身功效极佳	防病治病疗效较好	运动损伤风险小	文化内涵丰富	中国传统文化的象征	其他
学历	小学	152	160	73	159	115	112	90	158	4
	初中	295	341	187	350	238	197	217	316	92
	高中	380	542	300	545	362	383	322	438	88
	专科	300	425	254	469	335	293	311	325	64
	本科	1169	1207	540	948	707	814	796	1009	359
	硕士	30	34	25	18	27	36	22	32	37
	博士	3	2	1	1	3	0	2	3	1
	其他	13	21	16	39	32	18	28	30	20
对象	学生	807	808	344	563	293	620	498	732	189
	市民	512	698	315	739	602	499	477	447	50
	俱乐部会员	426	511	311	511	328	334	291	406	222
	运动员	138	256	183	238	210	120	183	266	94
	民间拳馆	352	397	229	401	331	234	286	395	73
	留学生	107	62	14	77	55	46	53	65	37
合计	—	2342	2732	1396	2529	1819	1853	1788	2311	665

2. 整体满意度

对太极拳习练满意程度调查的结果显示（见表17），习练者的整体满意度高，其最为满意的是教师水平、教师仪表，其次为教学内容、教学方法、教学效果、收费标准，环境设施等，其不满意之处主要表现为收费标准、环境设施、教学效果。可见，改善教学环境、规范收费标准、提高教学效果是进一步提高习练者满意度，进而推进太极拳发展的重要工作。

表 17　太极拳习练整体满意程度

项目		较不满意	不太满意	满意	比较满意	非常满意	合计
环境设施	频率	619	512	1286	1274	2032	5723
	百分比	10.8	8.9	22.5	22.3	35.5	100.0
教师水平	频率	166	317	1506	1586	2914	6489
	百分比	2.6	4.9	23.2	24.4	44.9	100.0

续表

项目		较不满意	不太满意	满意	比较满意	非常满意	合计
教师仪表	频率	162	317	1632	1550	2903	6564
	百分比	2.5	4.8	24.9	23.6	44.2	100.0
教学内容	频率	174	339	1658	1600	2796	6567
	百分比	2.6	5.2	25.2	24.4	42.6	100.0
教学方法	频率	164	437	1695	1529	2741	6566
	百分比	2.5	6.7	25.8	23.3	41.7	100.0
教学效果	频率	182	744	1415	1566	2649	6556
	百分比	2.8	11.3	21.6	23.9	40.4	100.0
收费标准	频率	280	762	1283	1260	2130	5715
	百分比	4.9	13.3	22.4	22.0	37.3	100.0

（六）习练困难与建议

1. 习练者面对的困难

调查显示太极拳习练过程遇到困难，以锻炼效果不明显为主，共占 24.2%，其次分别为没时间练习、场地设施不方便、缺少专业教练指导、身体原因难以坚持、教学内容不感兴趣、教学方法难以接受等，分别占 20.7%、18.6%、14.5%、12.1%、9.2%、6.5%等。对习练者性别、年龄、学历、对象等调查发现，市民认为场地设施不方便是主要困难，民间拳馆习练者则指出没时间练习是其主要困难，其他人群则认为锻炼效果不明显是其习练过程中遇到的主要困难（见表18）。可见，太极拳的进一步发展需从软件上（如提高锻炼效果）、硬件上（如增加便捷的场地设施）齐头并进地完善。

表 18　习练太极拳的困难

	项目	没时间练习	锻炼效果不明显	身体原因难以坚持	场地设施不方便	教学内容不感兴趣	教学方法难以接受	缺少专业教练指导	经济难以支撑	其他
性别	男	767	1061	506	621	420	287	562	481	373
	女	684	635	343	684	225	166	457	305	295
年龄	15 岁及以下	200	57	33	57	28	34	47	30	127
	16~25 岁	738	1111	500	434	434	250	404	360	243
	26~35 岁	109	169	118	108	43	60	111	96	22
	36~45 岁	114	89	56	118	44	37	57	75	22
	46~55 岁	196	200	77	243	80	61	172	159	72
	56~65 岁	64	40	41	247	12	8	156	44	55
	66 岁及以上	30	30	24	98	4	3	72	22	127
学历	小学	144	37	21	69	11	14	34	31	61
	初中	155	118	103	187	51	57	136	102	109
	高中	286	368	175	332	193	99	246	172	102
	专科	180	215	186	232	94	64	188	117	67
	本科	645	876	319	453	284	200	382	336	305
	硕士	25	67	26	8	9	11	15	18	9
	博士	2	3	2	2	1	4	0	2	0
	其他	14	12	17	22	2	4	18	8	15
对象	学生	544	547	209	210	234	126	229	123	194
	市民	182	323	149	473	93	58	382	200	71
	俱乐部会员	283	316	251	211	182	112	176	147	219
	运动员	87	176	114	98	76	49	69	90	45
	民间拳馆	264	204	98	258	45	81	130	166	104
	留学生	91	130	28	55	15	27	33	60	35
合计		—	1451	1696	849	1305	645	453	1019	786	668

2. 弃学因素

可能放弃学习太极拳的原因调查显示（见表19），习练者认为"跟不上进度"（27.9%）、"动作难度大"（20.4%）是其可能弃学主要原因，其他的原因分别是"达不到预期目标、没有同伴、学习费用太高"等，其占比分别为 18.4%、16.0%、11.3% 等。可见，如何合理地规划太极拳教学进度、科学设置动作要求实现循序渐进的目标，有序地帮助习练者实现其锻炼预期，是进一步做好太极拳推广的主要问题之一。

表 19　可能放弃学习太极拳的原因

项目		没有同伴	跟不上进度	动作难度大	达不到预期目标	学习费用太高	其他
性别	男	648	1216	897	724	492	575
	女	472	746	534	571	298	529
年龄	15 岁及以下	79	109	118	122	94	208
	16～25 岁	653	1195	765	733	427	377
	26～35 岁	125	191	162	126	59	55
	36～45 岁	96	138	113	74	46	74
	46～55 岁	129	243	155	134	127	145
	56～65 岁	24	59	83	78	28	99
	66 岁及以上	14	27	35	28	9	146
学历	小学	71	45	53	76	65	114
	初中	95	199	185	129	85	187
	高中	247	483	336	266	180	177
	专科	114	291	222	196	111	132
	本科	575	870	564	562	321	465
	硕士	5	58	54	47	10	10
	博士	2	4	1	4	1	1
	其他	11	12	16	15	17	18
对象	学生	377	539	417	452	251	343
	市民	137	322	283	238	138	181
	俱乐部会员	189	457	313	239	134	272
	运动员	96	187	138	137	98	60
	民间拳馆	241	310	197	168	155	213
	留学生	80	147	83	61	14	35
合计	—	1120	1962	1431	1295	790	1104

3. 习练建议

太极拳进一步发展建议的调查显示，习练者建议主要集中于"增加太极拳师资培训力度"（40.3%）、"增加比赛等交流活动"（35.5%），其余建议为"增加科普书籍影像资料、增加太极拳技法功力"等，其占比分别为 26.9%、23.1% 等。另对习练者性别、年龄、学历、对象等调查发现，运动员的建议更多为增加比赛等交流活动，其他人群则认为应主要增加太极拳师资培训力度（见表20）。从中不难看出，不断提高太极拳师资水平，因地制宜地组织内容丰富、形式多样的交流活动，是太极拳推广常谈常新的永恒话题。

表 20　对太极拳进一步发展的建议

项目		增加太极拳技法功力	增加太极拳师资培训力度	增加比赛等交流活动	增加科普书籍影像资料	其他
性别	男	828	1707	1488	1082	486
	女	795	1121	1004	807	414
年龄	15 岁及以下	122	174	201	114	154
	16～25 岁	822	1489	1375	1023	390
	26～35 岁	149	258	184	114	64
	36～45 岁	145	182	143	110	59
	46～55 岁	215	375	289	272	106
	56～65 岁	124	257	230	174	93
	66 岁及以上	46	93	70	82	34
学历	小学	107	132	150	91	57
	初中	134	274	257	187	181
	高中	336	634	583	395	142
	专科	230	487	357	296	131
	本科	763	1220	1062	825	340
	硕士	33	49	46	66	18
	博士	3	3	2	1	2
	其他	17	29	35	28	29
对象	学生	454	794	743	547	222
	市民	239	619	565	387	213
	俱乐部会员	395	590	414	362	172
	运动员	154	302	311	241	84
	民间拳馆	256	395	359	260	176
	留学生	125	128	100	92	33
合计		—	1623	2828	2492	1889	900

三 讨论与建议

（一）太极拳发展问题与对策

太极拳发展主要存在两方面的问题。一是陈、杨、孙三足鼎立，尚未形成太极拳流派"百家争鸣"的发展局面；二是简化太极拳"一枝独秀"，尚未呈现太极拳其他流派套路"百花齐放"的发展态势。

促进太极拳发展需做好三方面的工作。在战略上，需将太极拳发展置于国家层面，一方面纳入相关教育体系，作为条件成熟高校的体育课程、中医药大学的太极养生专业、体育院校武术与民族传统体育专业的太极拳方向或太极拳专业，创办太极文化大学，加强太极拳人才培养；另一方面作为我国对外文化交流、体育交流的重要内容，在孔子学院开设太极文化和武术课程，建立太极文化类的孔子学院，推进太极拳的国际性培训，打造太极拳的国际品牌赛事，促进太极拳和太极文化的国际传播。在组织上，建立国家级太极拳和太极文化研究中心，合作共建各级太极拳专家工作室，深入研究、探讨和阐发内容丰厚、内涵深刻的太极拳和太极文化的哲学理论，重估其"健心内练"运动方式对现代快生活、浮躁心态的补救价值。在目标上，从拳种入手梳理太极拳流派尤其是武式、吴式、和式太极拳生成发展的历程，整理其各具特色的技术风格、训练方法、文化特征；在中华优秀传统文化传承工程建设中丰富太极拳流派的展演与竞技，促进太极拳流派的全面发展。

（二）太极拳健身性发展问题与对策

太极拳健康促进研究一直是太极拳研究的重点内容，其健身性也是众多习练者选择太极拳作为锻炼手段的主要目的。目前太极拳健身性发展存在两方面问题。一是学术研究与实践推广脱节，太极拳健康干预研究的成果并未普及到太极拳推广的教学和锻炼等实践环节；二是锻炼效果不明显，习练困难。调查发现，"得不到想要的锻炼效果"是习练者可能放弃习练太极拳的最大原因。

太极拳健身性发展需立足两方面工作加以突破。在组织上，成立国家级太极拳分级评审机构，建立健全太极拳传人、拳师、领军人物的管理，发挥太极拳传人、拳师、领军人物在全民健身中的作用。在举措上，围绕"太极拳健康工程"建设，编写《太极拳健康指导手册》，加强武术锻炼对促进人体身心健康功效的基础理论研究和实践研究，充分发挥武术科技的引导作用，大力开展武术科学健身指导，提高武术健身方法和手段的科技含量；推进太极拳健身性发展的信息化工作，搭建太极拳科学研究与教学、锻炼一体化的信息平台，将研究成果转化为实践的指导，借助媒体将研究成果对外进行公布，向公众普及、推广，增加人们对太极拳健身性的了解，提高太极拳锻炼的健身效果；做好太极拳系列培训活动，举办包含理论和技术的专家讲座，从提高健康理论水平和健康指导能力入手加大太极拳骨干人才培养的工作力度，有效提高太极拳在全民健身公共服务体系中的贡献率。

（三）太极拳教学问题与对策

教学是太极拳传播与推广的重要手段，目前太极拳教学存在三方面问题。一是教学方法上，习练者可能弃学的"跟不上进度"理由中反映太极拳教学存在着教学目标的设置有待完善；二是教学模式上，面对太极拳习练者多元化需求，尚未形成既包含健康、文化、技击不同习练目的，又对不同习练者有针对性的新型太极拳教学模式。

改善太极拳教学工作，可以组织编写《太极拳教学工作手册》为主线，从四方面加以突破。一是以大学为阵地，进一步完善太极拳教学计划，在因地制宜的课本课程建设中，解决其教学内容单一性问题，推进太极拳流派的全面性；二是以简单、递进的太极拳动作要求，避免学生的手足无措，建立健全科学有序的太极拳教学目标新系统；三要从理论研究和实践探索两层面同步推进太极拳因材施教的教学新模式，使"健康服务、文化推广、防身体验"等不同习练者均有各自预期的收获感，进而形成各自不同的教学目的技术教学新系统；四是开发太极拳教学的手机 APP 软件，丰富教学方式和手段，形成集"动作演示、专家演讲、研究成果、课内外结合、师生互动"为一体的新型学习方式。

（四）太极拳产业发展问题与对策

随着体育产业的发展，武术产业也成为人们关注的对象。因我国武术产业起步较晚、发展相对较弱，太极拳产业发展面临四方面突出问题。一是产业规模较小，多为小作坊的形式、小规模低成本的生产；二是营销模式单一，以家族式发展为主；三是管理体制不健全，虽国家体育总局设立了体育产业处，但是各省、市、县体育产业部门处于边缘化状态；四是消费意识淡薄，年轻人尚未成为消费的主体。

在体育产业发展提升到国家战略层面的时代机遇中，太极拳文化产业的快速健康发展有必要从以下四方面入手。一是优化产业结构，将太极拳产业与文化、旅游等相关产业结合，增加太极拳产品多样性；二是搞活赛事，通过鼓励、支持、规范、引导社会力量举办"太极拳公开赛"等品牌赛事活动，创造不同赛事平台促进人们深化对太极拳和太极文化的认识，提高群众参与太极拳习练的热情；三是做好形象包装，改变"太极拳是老人拳"的形象，鼓励年轻人参与到太极拳运动中来；四是拓展产业渠道，形成"互联网＋"模式，利用多种媒体平台，将太极拳推到"前台"，增加太极拳"出镜率"，提高人们对太极拳的熟悉度和接受度。

四　太极拳发展示例——浙江省永康市太极拳文化研究会

2015 年 12 月 26 日，以传播太极拳文化为己任的"永康市太极拳文化研究会"成立，其目标为"进机关、进社区、进学校、进农村"，其举措是"太极拳公益培训千人计划"，其初见成效的经验有三条。

（一）以服务社会需求为导向

根据习近平总书记"人民对美好生活的向往，就是我们的奋斗目标"的重要指示，该会将社会需求、市民对学习太极拳的迫切愿望作为初衷，以"善行天下、太极一家"的办会理念，组建一批具有行政能力的退休公务员和具有经营运作能力的企业经营者作为研究会的骨干，以"五部一办"（文化研究部、宣传策划部、利生事业部、运动推广部、会员管理部与办公室）搭建了义务服务市民太极拳锻炼的"爱心管理团队"。同时，云集一批具有奉献精神的"志愿教练团队"，如 2016 年 50 多名教练分头承担了各个农村培训班教学，2 个多月、每周 3 个晚上反复奔波于城区与乡下，将善行公益与健康公益有机结合。最后，创建免费开放的"太极精舍"图书室，推出"永康太极文化"微信公众服务平台。

（二）以争取各方支持为支撑

作为公益组织，其"太极拳公益培训千人计划"需要有各方的支持。

首先，政府支持为其发展提供了"直通车"，在市文联、市民政局支持下成立以"开展太极拳文化传承研究、宣传普及太极拳文化知识、推进太极拳文化产业的发展、组织太极拳教学活动"为宗旨的学术性社会团体，并将"太极拳公益培训"纳入文联"送文化下乡进文化礼堂"计划予以资助，在市体育局支持下举办培训班，并纳入永康市社会体育指导员工作序列中；在市政府支持下举办了市直机关太极拳培训班，并纳入市政府工会工作以及政府"创投项目"予以扶持。其次，与高校合作为其持续发展奠定了基础，该会与上海体育学院武术学院签署《战略合作伙伴关系协议书》，设立"太极拳实践研究基地"，组建"永康市太极拳健康促进中心"，为其"战略规划的科学化、人才培养的专业化、公益培训的高端化、健康促进的科研化"奠定了持续发展的基础。

（三）以举办公益培训为突破

研究会以"学习弘扬太极拳文化、推广普及太极拳运动"为目标，聘请在当地有一定影响与基础的陈式、杨式、忽雷等传人组建成教练团队，其后从两方面积极探索"太极拳公益培训千人计划"。一是大力培训指导员队伍，2016 年培训 77 名太极拳社会指导员，2017 年培训 54 名太极拳社会指导员；二是在城乡全面推进公益培训，2016 年上半年在市区设了 5 个培训点、培训学员 300 多名，2016 年下半年在 14 个村开办了 14 个培训班、培训学员 1028 名；2017 年实施"太极拳进学校"，200 余名教师率先接受培训；实施"太极拳进机关"，17 个市直机关太极拳培训班学员、700 多名机关干部接受了培训。截至目前，该会先后开办了 45 个培训班，免费培训 2500 多人。这些指导员和市民的太极拳培训，带动了所在地群众的太极拳锻炼，以及"太极拳运动推广示范点"建设。

（四）以组织集体展演为抓手

在 2016 年 2 月实施"太极拳公益培训千人计划"以后，该会先后举办了不同类型的大型集体展演，在展示培训成果的同时，也扩大了公益培训的宣传与推介。第一，2016 年 12 月 25 日举办一周年太极拳公益培训成果展示会，来自各镇街区十多支代表队、500 多人集体展演了各路太极拳以及不同风格的太极扇、太极剑表演，其连锁效应是永康市经济开发区炉头村、方岩镇象瑚里村、古山镇清塘下村太极拳公益培训班的相继开学；2017 年 5 月 14 日在体育馆广场举办"市直机关太极拳公益培训成果展示会"，目前该市已有 700 多名机关干部练习太极拳。第二，2016 年 12 月 4 日，在前仓镇后吴小学塑胶操场由 700 多名太极拳爱好者合练的杨式功夫太极扇、简化 24 式太极拳，12 月 12 日在方岩初中操场组织了上千名太极拳运动爱好者的集体合练，在展演太极拳公益培训千人计划成果时，也推进了太极拳进校园工作，2017 年 5 月 14 日在大司巷小学举行了"太极文化进校园战略合作伙伴"授牌签约仪式。

五　太极拳发展趋势

作为一个多元符号体系，太极拳已有机嵌入域内外社会的多个领域。其未来发展可能有二：第一，就其自身发展而言，需进一步完善其作为现代体育的竞技方式，保证其作为中国武术的技击范式，探索其文化传承新方式、文化传播新路径；第二，就其功能性发展而言，要不断发掘其作为健身手段的促进作用，重估其作为健心内练方式对现代快生活、浮躁心态的补救价值，深入认识其作为文化窗口的意义。

四 ｜ 附 录

《中国武术研究报告 *No.1*——太极拳专题调研问卷表》

尊敬的调查对象：

您好！为了解太极拳发展现状，分析太极拳发展中存在的问题及成因，总结发展经验得失，揭示太极拳未来发展趋势，我们开展全国范围的调查研究。感谢您抽出宝贵时间完成本问卷，请您在相应的"□"内打"√"。本问卷仅供撰写报告使用，对于您的支持和帮助表示衷心感谢！

《中国武术研究报告 *No.1*》调查组

2016 年 9 月 2 日

（一）基本信息

1. 学生问卷

（1）您的性别：□男□女

（2）您的年龄：_____岁

（3）您所在的省市：_____省（市）_____市（区）

（4）您所在的太极拳习练点：_____（学校名称等）

（5）您的文化程度：

□小学□初中□高中□专科□本科□硕士□其他_____

（6）您所就读年级：_____年级

2. 市民问卷

（1）您的性别：□男□女

（2）您的年龄：_____岁　您的职业：_____

（3）您所在的省市：_____省（市）_____市（区）

（4）您所在的太极拳习练点：_____（健身站点或社区名称等）

（5）文化程度：□小学□初中□高中□专科□本科□其他_____

（6）您所在社区太极拳管理机构：□无□社区太极拳协会

□社区武术协会□社区体育中心□老年体育协会□其他_____

（7）您所在社区太极拳活动经费来源：□政府拨款□缴纳会费

□体育部门拨款□社区居委会出资□社会赞助□其他_____

（8）您认为所在社区太极拳活动面临的主要问题：

□场地设施不足□习练者兴趣不高□缺少活动经费

□政府支持不够□体育部门不重视□教练师资水平不高

□缺少统一管理□街道社区管理不完善□其他_____

3. 俱乐部会员问卷

（1）您的性别：□男□女

（2）您的年龄：_____岁　您的职业：_____

（3）您所在的省市：_____省（市）_____市（区）

（4）您所在的太极拳习练点：_____（俱乐部名称等）

（5）文化程度：□小学□初中□高中□专科□本科□其他_____

（6）您所在学习太极拳俱乐部类型：□专业太极拳拳馆

□健身会所□公司兴趣俱乐部□瑜伽会所□其他_____

（7）您在太极拳习练场所购买的会员卡类型：□赠送□年卡

□半年卡□季度卡□月卡□团体会员折扣卡

□淡季折扣卡□其他_____

（8）您所在学习太极拳俱乐部收费情况：

□1000元以下/年　□1000~2000元/年　□3000~5000元/年

□5000元以上/年□免费□其他_____

4. 运动员问卷

（1）您的性别：□男□女

（2）您的年龄：_____岁

（3）您所在的省市：_____省（市）_____市（区）

（4）您所在的运动队：_____（运动队名称等）

（5）文化程度：□小学□初中□高中□专科□本科□其他_____

（6）运动等级：□国际级健将□国家级健将□国家一级□国家二级

□国家三级□无运动等级□其他_____

（7）您认为当前太极拳比赛项目设置的合理性：

□非常合理□比较合理□合理□不太合理□不合理

（8）您比赛时主要参赛项目（可多选）：

□24 式太极拳□42 式太极拳□32 式太极剑□42 式太极剑□太

极器械□传统套路□自选套路□陈、杨、吴、孙太极竞赛套路

□其他：_____

5. 民间拳馆调查问卷

（1）您的性别：□男□女

（2）您的年龄：_____岁　您的职业：_____

（3）您所在的省市：_____省（市）_____市（区）

（4）您所在的太极拳习练点：_____（民间拳馆名称等）

（5）文化程度：□小学□初中□高中□专科□本科□其他_____

（6）教习年限：□1 年以下□1～2 年□3～4 年□5～10 年□10 年以上

（7）您的太极拳拳师非物质文化遗产代表性传承人等级：

□国家级□省（市）级□市（区）级□县（街道）级

□其他_____

6. 留学生问卷

（1）性别：□男□女

（2）年龄：_____岁

（3）国籍：_____

（4）您所在的学校：_____（学校名称等）

（5）文化程度：□小学□初中□高中□本科□硕士□其他_____

（6）年级：_____年级

（7）您在中国的时间：

□6 个月以下□6～12 个月□1～2 年□3～4 年□5 年以上

□其他_____

（8）您在学习太极拳中遇到的困惑（可多选）：

□语言听不懂□动作学不会□动作太复杂□学习时间太少

□其他_____

（9）您主要通过哪种方式学习太极拳（可多选）：

□大学武术课□大学社团□大学学生□社会俱乐部□民间太极拳

师□其他_____

（二）问卷主体部分

1. 您主要习练的太极拳拳种？（可多选）

□陈式太极拳□杨式太极拳□武式太极拳□吴式太极拳

□孙式太极拳□赵堡太极拳□简化太极拳□其他_____

2. 您练习太极拳的时间？

□3 个月以下□半年□1 年□2 年□其他_____

3. 您平均练习太极拳的频率？

□每周 1 次□每周 2 次□每周 3 次□其他_____

4. 您每次习练太极拳的时间？

　　□30 分钟以下□30～60 分钟□1～2 小时□其他_____

5. 您习练太极拳时一般选择时间？（可多选）

　　□早晨□上午□中午□下午□傍晚□晚上□其他

6. 您所在学习场所太极拳教练员配备情况？（可多选）

　　□学校武术教师□学校体育教师□锻炼者兼任

　　□社会体育指导员□专业武术教练

　　□高校武术专业学生□民间拳师□其他_____

7. 您认为太极拳的典型特征？（可多选）

　　□旋律舒缓□动作优雅□攻防效果明显□健身功效极佳

　　□防病治病疗效较好□运动损伤风险小□文化内涵丰富

　　□中国传统文化的象征□其他_____

8. 您是由于什么原因开始习练太极拳的？（可多选）

　　□为了锻炼身体□预防疾病□康复□健身减肥□防身自卫

　　□娱乐消遣□促进人际交往□学习传统文化□家族传承

　　□其他_____

9. 您在太极拳习练过程中遇到的困难？（可多选）

　　□没时间练习□锻炼效果不明显□身体原因难以坚持

　　□场地设施不方便□教学内容不感兴趣□教学方法难以接受

　　□缺少专业教练指导□经济难以支撑□其他_____

10. 您认为什么原因会让您放弃学习太极拳？（可多选）

　　□没有同伴□跟不上进度□动作难度大□达不到预期目标

　　□学习费用太高□其他_____

11. 您是通过什么途径开始习练太极拳的？（可多选）

　　□体育课□课外活动□社会俱乐部□亲戚朋友

□其他_____

12. 您主要通过什么途径获悉太极拳相关信息？（可多选）

□电视电影□网上视频与报道□新闻报纸□朋友介绍

□其他_____

13. 您练习太极拳后身体主要感受？（可多选）

□身体更加健康□身手更加敏捷□下肢力量有所提高

□血压有所下降□睡眠有所改善□精力更加旺盛

□免疫能力提高□智力有所提高□其他_____

14. 您练习太极拳后心理主要感受？（可多选）

□精神更加安逸□心理更加健康□性格更加开朗□情感更加丰富

□社交更加有序□人际关系更加和睦□其他_____

15. 您是否因习练太极拳而产生伤病？

□无□有（如选择有请对存在的伤病及时间段进行选择）

□膝盖疼痛□腰部疼痛□其他_____

□6个月内□6～12个月□1～2年□3～4年□5年以上

16. 您每年在太极拳锻炼方面的花费？

□100元以下□100～500元□500～1000元□其他_____

17. 您在太极拳方面的花费主要用途？（可多选）

□购买书籍□购买音像制品□学习费用□购买服装

□购买器械□参加比赛交通费□其他_____

18. 您对太极拳更快速发展的建议？（可多选）

□增加太极拳技法功力□加大太极拳师资培训力度

□增加比赛等交流活动□增加科普书籍影像资料□其他_____

19. 您对您所在太极拳习练场所的整体满意程度（在相应表格中打√号）？

	非常满意	比较满意	满意	不太满意	较不满意
环境设施					
教师水平					
教师仪表					
教学内容					
教学方法					
教学效果					
收费标准					

20. 您对本次调研及相关问题的意见与建议？

_____

_____

_____

_____

图书在版编目（CIP）数据

中国武术研究报告 . No. 1 / 戴国斌主编 . -- 北京：
社会科学文献出版社，2017. 12
ISBN 978 - 7 - 5201 - 1671 - 8

Ⅰ. ①中…　Ⅱ. ①戴…　Ⅲ. ①武术 - 研究报告 - 中国
Ⅳ. ①G852

中国版本图书馆 CIP 数据核字（2017）第 260768 号

中国武术研究报告 *No. 1*

主　　编 / 戴国斌
副 主 编 / 王立峰　朱　东　张云崖

出 版 人 / 谢寿光
项目统筹 / 邓泳红
责任编辑 / 陈　雪　吴云苓

出　　版 / 社会科学文献出版社·皮书出版分社（010）59367127
　　　　　　地址：北京市北三环中路甲 29 号院华龙大厦　邮编：100029
　　　　　　网址：www. ssap. com. cn
发　　行 / 市场营销中心（010）59367081　59367018
印　　装 / 三河市尚艺印装有限公司

规　　格 / 开　本：787mm × 1092mm　1/16
　　　　　　印　张：13. 75　字　数：178 千字
版　　次 / 2017 年 12 月第 1 版　2017 年 12 月第 1 次印刷
书　　号 / ISBN 978 - 7 - 5201 - 1671 - 8
定　　价 / 89. 00 元

本书如有印装质量问题，请与读者服务中心（010 - 59367028）联系

▲ 版权所有 翻印必究